Ausführliches Verzeichniß der

Guttentag'schen Sammlung

Deutscher Reichs- und Preußischer Gesetze,

Text-Ausgaben mit Anmerkungen — Taschenformat,

welche alle wichtigeren Gesetze in absolut zuverlässigen Gesetzestexten und in mustergiltiger Weise erläutert enthält, befindet sich hinter dem Sachregister.

Guttentag'sche Sammlung
Nr. 58. Deutscher Reichsgesetze. Nr. 58.
Text-Ausgaben mit Anmerkungen.

Das Recht der unehelichen Kinder.

Text-Ausgabe
aller einschlägigen Bestimmungen des Bürgerlichen Gesetzbuches
mit Anmerkungen und Sachregister.

Von

Hermann Jastrow,
Amtsgerichtsrath zu Berlin.

Berlin 1901.
J. Guttentag, Verlagsbuchhandlung,
G. m. b. H.

Inhalt.

Seite

Abkürzungen XV

A. Einleitung 1

B. **Bürgerliches Gesetzbuch.**

Erstes Buch.

Allgemeiner Theil.

§ 11. Wohnsitz 7

§ 204. Verjährung zwischen Eltern und Kindern . 8

Zweites Buch.

Recht der Schuldverhältnisse.

§ 825. Schadensersatz bei Verleitung zur außerehelichen Beiwohnung 9

§§ 842, 847. Umfang des Schadensersatzes . . . 10

Viertes Buch.

Familienrecht.

Erster Abschnitt. **Bürgerliche Ehe.**

Erster Titel. **Verlöbniß.**

§§ 1300, 1302. Schadensersatz wegen Beiwohnung unter Verlobten 11

Seite

Zweiter Titel. **Eingehung der Ehe.**

§ 1304. Einwilligung des gesetzlichen Vertreters . 12
§§ 1305—1308. Elterliche Einwilligung 13
§ 1310. Ehehinderniß der Verwandtschaft und Schwägerschaft. Affinitas illegitima . . . 17
§§ 1311, 1314. Weitere Ehehindernisse 18

Zweiter Abschnitt. **Verwandtschaft.**

Erster Titel. **Allgemeine Vorschriften.**

§ 1589. Begriff der Verwandtschaft 19
§ 1590. Begriff der Schwägerschaft 21

Zweiter Titel. **Eheliche Abstammung.**

§§ 1591, 1592. Begriff 22
§§ 1593—1597. Geltendmachung der Unehelichkeit. Anfechtung 24
§§ 1598, 1599. Anerkennung der Ehelichkeit. Anfechtung dieser Anerkennung 30
§ 1600. Vaterschaft im Falle frühzeitiger Wiederverheirathung 31

Dritter Titel. **Unterhaltspflicht.**

§§ 1601—1615 32

Vierter Titel. **Rechtliche Stellung der ehelichen Kinder.**

I. **Rechtsverhältniß zwischen den Eltern und dem Kinde im Allgemeinen.**

§§ 1616—1625 42

Seite

II. Elterliche Gewalt.

1. Elterliche Gewalt des Vaters.

Auszug aus den §§ 1627—1683 47

2. Elterliche Gewalt der Mutter.

Auszug aus den §§ 1684—1698 56

Fünfter Titel. Rechtliche Stellung der Kinder aus nichtigen Ehen.

Auszug aus den §§ 1699—1704 58

Sechster Titel. Rechtliche Stellung der unehelichen Kinder.

§ 1705. Stellung zur Mutter und zu den mütterlichen Verwandten 61
§ 1706. Familienname des Kindes 63
§ 1707. Elterliche Gewalt. Rechte der Mutter und des Vormunds betreffs der Sorge für die Person 66
§ 1708. Unterhaltspflicht des Vaters 69
§ 1709. Verhältniß der Unterhaltspflicht des Vaters zu derjenigen der Mutter und der mütterlichen Verwandten 71
§ 1710. Geldrente als Unterhalt. Vorausbezahlung 72
§ 1711. Unterhalt für die Vergangenheit . . . 75
§ 1712. Tod des Vaters. Abfindung aus dem Nachlaß 75
§ 1713. Tod des Kindes. Beerdigungskosten . . 77

Seite
§ 1714. Vereinbarung über den Unterhalt . . . 77
§ 1715. Ansprüche der Mutter gegen den Vater . 79
§ 1716. Sicherung der Ansprüche vor der Geburt 81
§ 1717. Beweis der Vaterschaft. Empfängnißzeit 84
§ 1718. Anerkennung der Vaterschaft 86

Siebenter Titel. **Legitimation unehelicher Kinder.**

I. Legitimation durch nachfolgende Ehe.

§ 1719. Begriff 88
§ 1720. Beweis und Anerkennung der Vaterschaft 90
§ 1721. Nichtigkeit der Ehe 92
§ 1722. Wirkung der Legitimation für die Abkömmlinge des Kindes 92

II. Ehelichkeitserklärung.

§§ 1723, 1724. Begriff, Zuständigkeit, Inhalt . 93
§§ 1725, 1726. Antrag des Vaters. Einwilligung der Betheiligten 94
§ 1727. Ersetzung der mütterlichen Einwilligung 96
§ 1728. Vertretung von Betheiligten 97
§ 1729. Beschränkte Geschäftsfähigkeit eines Betheiligten 98
§§ 1730, 1731. Form der Erklärungen. Anfechtung 99
§ 1732. Ehewidrige Kinder 99
§ 1733. Tod des Kindes oder des Vaters vor der Ehelichkeitserklärung 100
§ 1734. Versagung der Ehelichkeitserklärung . . 101

Seite
§ 1735. Wirksamkeit der Ehelichkeitserklärung bei Mängeln in den gesetzlichen Voraussetzungen 101
§ 1736. Wirkung der Ehelichkeitserklärung für das Kind 101
§ 1737. Wirkung für andere Familienmitglieder 102
§ 1738. Wirkung für die Mutter 103
§ 1739. Wirkung auf die Unterhaltspflicht . . 104
§ 1740. Eheschließung des Vaters 104

Achter Titel. **Annahme an Kindesstatt.**

§§ 1741—1772 105

Dritter Abschnitt. **Vormundschaft.**

Erster Titel. **Vormundschaft über Minderjährige.**

I. Anordnung der Vormundschaft.

Auszug aus den §§ 1773—1792 121

II. Führung der Vormundschaft.

Auszug aus den §§ 1793—1836 127

III. Fürsorge und Aufsicht des Vormundschaftsgerichts.

Auszug aus den §§ 1837—1848 131

VII. Beendigung der Vormundschaft.

Auszug aus den §§ 1882—1895 135

Seite

Zweiter Titel. **Vormundschaft über Volljährige.**

Auszug aus den §§ 1896—1908 137

Dritter Titel. **Pflegschaft.**

§ 1912 Pflegschaft für eine Leibesfrucht . . . 138

Fünftes Buch.

Erbrecht.

Erster Abschnitt. **Erbfolge.**

Auszug aus den §§ 1922—1941 138

Zweiter Abschnitt. **Rechtliche Stellung des Erben.**

§ 1963. Unterhaltsanspruch der Mutter bei zu erwartender Geburt eines Erben 145

§ 1969. Unterhaltsanspruch von Familienangehörigen 146

Dritter Abschnitt. **Testament.**

§ 2141. Unterhaltsanspruch der Mutter bei zu erwartender Geburt eines Nacherben 147

Fünfter Abschnitt. **Pflichttheil.**

2303. Anspruch auf den Pflichttheil 148

Seite

C. Einführungsgesetz zum Bürgerlichen Gesetzbuche.

Erster Abschnitt. Allgemeine Vorschriften.

Art. 18, 19. Anwendung der deutschen Gesetze über eheliche Abstammung und über Rechtsverhältnisse der ehelichen Kinder im internationalen Rechtsverkehr 149

Art. 20, 21. Anwendung der deutschen und ausländischen Gesetze über die Rechtsverhältnisse der unehelichen Kinder 150

Art. 22. Anwendung der deutschen Gesetze über Legitimation und Annahme an Kindesstatt 151

Art. 28—30. Besondere Vorschriften des internationalen Privatrechts 152

Dritter Abschnitt. Verhältniß des Bürgerlichen Gesetzbuchs zu den Landesgesetzen.

Art. 134. Religiöse Erziehung der Kinder . . . 153

Art. 136. Gesetzliche Vormundschaft für Anstaltspfleglinge und uneheliche Kinder 153

Vierter Abschnitt. Uebergangsvorschriften.

Art. 208. Stellung der unehelichen Kinder . . . 155

Art. 209. Stellung der legitimirten und der an Kindesstatt angenommenen Kinder 157

Seite

D. Anlagen.

I. Die Bestimmungen der Prozeßgesetze über die Verfolgung des Unterhaltsanspruchs.

1. Gerichtsverfassungsgesetz.

§ 23. Zuständigkeit des Amtsgerichts 159

2. Civilprozeßordnung.

§ 258. Klage auf künftige Leistungen 159
§ 323. Abänderung rechtskräftiger Urtheile betreffend wiederkehrende Leistungen 160
§ 708. Vorläufige Vollstreckbarkeit 160
§ 850. Forderungen, die der Pfändung nicht unterworfen sind 161

3. Gesetz, betreffend die Beschlagnahme des Arbeits- oder Dienstlohnes.

§§ 1, 4, 4a 163

4. Konkursordnung.

§ 3. Behandlung der Unterhalts- und ähnlicher Ansprüche 165

II. Auszug aus den preußischen Ausführungsbestimmungen zum B.G.B.

1. Ausführungsgesetz zum Bürgerlichen Gesetzbuch.

Art. 68 §§ 2, 3. Erklärungen über den Familiennamen 166

Seite

Art. 70. Anerkennung der Vaterschaft 167

Art. 71. Besondere Vorschrift für das rheinische Recht 168

Art. 78. Gesetzliche Vormundschaft von Anstaltsvorständen oder von Beamten der Armenverwaltung 169

2. Verordnung zur Ausführung des Bürgerlichen Gesetzbuchs. Vom 16. November 1899.

Art. 13. Ehelichkeitserklärung 170

Art. 14. Annahme an Kindes Statt 171

3. Allgemeine Verfügung vom 14. Dez. 1899 171

4. Verfügung des Justizministers und des Ministers des Innern vom 28. Okt. 1899 174

III. Tabelle zur Berechnung der Empfängnißzeit 177

Sachregister 190

Abkürzungen.

a. a. O. = am angeführten Orte.
a. E. = am Ende.
A.E. = Allerhöchster Erlaß.
A.G. = Ausführungsgesetz.
Allg. Verf. = Allgemeine Verfügung des preußischen Justizministers.
A.L.R. = Allgemeines Landrecht.
Bek. = Bekanntmachung.
B.G.B. = Bürgerliches Gesetzbuch.
B.G.Bl. = Bundes-Gesetzblatt.
C.P.O. = Civilprozeßordnung.
E.G. = Einführungsgesetz.
F.G.G. = Gesetz über die Angelegenheiten der freiwilligen Gerichtsbarkeit. Vom 17./20. Mai 1898 (RGBl. S. 771.)
G.S. = (Preußische) Gesetz-Sammlung.
G.V.G. = Gerichtsverfassungsgesetz.
H.G.B. = Handelsgesetzbuch.
Jahrbuch = Jahrbuch für Entscheidungen des Kammergerichts in Sachen der nicht streitigen Gerichtsbarkeit und in Strafsachen. 19 Bände. (Berlin 1881—1900.)
Jahrb. N.F. bezeichnet die neue Folge des vorstehenden Werkes herausgegeben von Reinhold Johow und Victor Ring. Seit 1900.

J.M.Bl. = (Preußisches) Justiz-Ministerial-Blatt.

K.B. = Kommissionsbericht.

K.G. = Beschluß des Kammergerichts.

Konk.-O. = Konkursordnung.

R.G.Bl. = Reichs-Gesetzblatt.

Sammlung des Reichsjustizamts = Entscheidungen in Angelegenheiten der freiwilligen Gerichtsbarkeit und des Grundbuchrechts. Zusammengestellt im Reichsjustizamt. Berlin. (Seit 1900.)

St.G.B. = Strafgesetzbuch.

Verf. = Verfügung.

A. Einleitung.

Die Rechtsverhältnisse der unehelichen Kinder waren in Deutschland vor dem Erlaß des B.G.B. ebenso vielgestaltig, wie der größte Theil des Privatrechts überhaupt. Doch heben sich zwei Gruppen von Rechtsgebieten scharf von einander ab, die man als die Gruppe des deutsch-rechtlichen und die des französisch-rechtlichen Systems bezeichnen kann. In denjenigen Ländern, in welchen das französische Recht Eingang gefunden hat, schnitt der Grundsatz des code civil Art. 340: „La recherche de la paternité est interdite", für die Regel jede rechtliche Verbindung zwischen dem Kinde und seinem Vater ab.[1]) Durch freiwillige Anerkennung des Kindes Seitens des Vaters konnten indessen familienrechtliche Beziehungen hergestellt werden. Die Erwirkung solcher Beziehungen war übrigens auch der Mutter gegenüber von einer Anerkennung abhängig gemacht, nur daß die letztere hier rechtlich erzwungen werden konnte. Den übrigen Ländern kann als gemeinsam gelten — theils auf Grund eines gemeinen Gewohnheitsrechts, theils auf Grund der partikularen Landesgesetzgebung —, daß das uneheliche

---

[1]) Doch hatte das badische Gesetz v. 21. Febr. 1851 den Grundsatz verlassen.

Kind zwar in keine Familienverbindung zum Vater oder dessen Familie trat, dagegen regelmäßig einen beschränkten Unterhaltsanspruch gegen den Vater hatte. Der Umfang des letzteren und die gegen ihn zulässigen Einreden (Umgang mit mehreren Männern, Bescholtenheit der Mutter u. dgl.) waren indessen sehr verschieden gestaltet. Zur Mutter trat das Kind in eine dem ehelichen Kinde angenäherte Stellung, wobei aber die Einzelheiten, namentlich Betreffs der mütterlichen Rechte und Betreffs der Stellung des Kindes zu den übrigen Gliedern der mütterlichen Familie wiederum sehr verschieden waren. Durch Heirath der Eltern (legitimatio per subsequens matrimonium) und durch Verfügung der Staatsgewalt (legitimatio per rescriptum principis) konnte dem Kinde die Stellung eines ehelichen Kindes verschafft werden, indessen durch letztere nicht überall mit voller Wirkung.

Während in der Mitte des verflossenen Jahrhunderts und weit in dessen zweite Hälfte hinein die öffentliche Meinung in Deutschland namentlich unter den Juristen eine starke Hinneigung zum französischen System zeigte,[2]) vollzog sich im letzten Viertel des Jahrhunderts unter dem Einfluß allgemeiner sozialpolitischer Ideen ein Umschwung nicht nur zu Gunsten des deutschen Systems, sondern auch darüber hinaus zu Gunsten der unehelichen Kinder überhaupt; von einzelnen Seiten wurden selbst Forderungen auf annähernde oder gar

---

[2]) Vgl. u. A. noch die Verhandlungen des vierten deutschen Juristentages (1863) S. 132 ff.

völlige Gleichstellung mit den ehelichen Kindern erhoben. Das B.G.B. steht unter dem, wenn auch beschränkten, Einflusse dieses Umschwungs. Die Entwürfe desselben haben von den ersten Stadien an sich auf den Standpunkt des deutsch-rechtlichen Systems gestellt, mit der Tendenz, dessen Grundzüge beizubehalten, innerhalb derselben aber in Einzelheiten eine Besserung in der Stellung der unehelichen Kinder anzustreben. Das letztere Prinzip ist der Angelpunkt aller späteren Berathungsstadien geworden: der zweite Entwurf, die Vorschläge der Reichstagskommission, und endlich die Beschlüsse des Reichstags selbst haben sich auf dieser Bahn, wenn auch überall nur in Einzelheiten, weiter bewegt. Ein Zurückgehen nach der entgegengesetzten Richtung ist nirgends erfolgt.[3])

[3]) Gesetzgebungsmaterialien: Motive zu dem Entwurf eines B.G.B., erste Lesung, Amtliche Ausgabe (1888) Bd. IV S. 851—950. Protokolle der Kommission für die zweite Lesung des Entwurfs des B.G.B. (Berlin, J. Guttentag, 1897) Bd. IV S. 670—718. Denkschrift zum Entwurf eines B.G.B. zu §§ 1681—1716 (Drucksachen des Reichstags 1895/96 zu Nr. 87 S. 226—231). Bericht der XII. Kommission des Reichstags v. 12. Juni 1896 (Drucksachen ebenda Nr. 440b S. 158—166, mit der zugehörigen Zusammenstellung der Beschlüsse, Guttentag'sche Ausgabe 1896 S. 282—289, 407 f.). Abänderungs-Anträge in den Drucksachen a. a. O. Nr. 471 Ziff. 69—75 (vgl. auch Ziff. 58), Nr. 511, Nr. 513. Stenographische Berichte des Reichstags v. 26. u. 27 Juni und v. 1. Juli 1896 (S. 2987—3000, 3092—3095, Guttentag'sche Ausgabe 1896, S. 687—712, 892—898).

Die Einrichtungen des älteren deutschen Rechts über eine geminderte Rechtsfähigkeit des unehelichen Kindes (Unehrlichkeit, Unfähigkeit zum Gerichtsdienst, Versagung des Eintritts in die Zünfte u. A.) waren durch die neuere Rechtsentwickelung wohl fast überall beseitigt. Der Reichsgesetzgebung sind derartige Minderungen, sei es auf dem Gebiete des Privatrechts, sei es auf dem des öffentlichen Rechts, völlig fremd.

So sind die Grundsätze des B.G.B. über die Stellung der unehelichen Kinder im Großen und Ganzen eine revidirte Kodifikation des bisherigen gemeinen und preußischen Rechts geworden. Doch sind die Abweichungen, juristisch betrachtet, immerhin noch von gleicher Erheblichkeit, wie in der Mehrzahl der übrigen neu geregelten Rechtsmaterien. Sitz der Lehre über die Verhältnisse der unehelichen Kinder ist das Familienrecht des B.G.B. (Buch IV), in welchem ihnen im zweiten Abschnitt („Verwandtschaft") zwei Titel zugewiesen sind: der sechste Titel: „Rechtliche Stellung der unehelichen Kinder" (§§ 1705—1718) und der siebente Titel: „Legitimation unehelicher Kinder" (§§ 1719 bis 1740). Im sechsten Titel sind die Ansprüche der Mutter des unehelichen Kindes gegen dessen Vater mit behandelt (§§ 1715, 1716). Das Einführungsgesetz regelt in Art. 20—22 das internationale Privatrecht, in den Art. 208 u. 209 die Uebergangsbestimmungen in Ansehung der unehelichen Kinder.

Mit diesen Vorschriften sind aber die rechtlichen Beziehungen der unehelichen Kinder keineswegs erschöpft.

Ein Theil der sie betreffenden Bestimmungen sind im Zusammenhang mit denjenigen Materien behandelt, bei welchen besondere Vorschriften Betreffs der unehelichen Kinder erforderlich schienen und sind deshalb im übrigen Rechtssystem zerstreut. So z. B. beim Wohnsitz (§ 11), beim Eheschließungsrecht (§§ 1305 u. 1310) und bei den allgemeinen Grundsätzen über die Verwandtschaft (§ 1589 Abs. 2). Ein anderer Theil von Vorschriften des Gesetzbuchs bezieht sich auf die Stellung der ehelichen Kinder oder auf das Verhältniß von Eltern zu den Kindern im Allgemeinen und findet eine bald engere, bald weitere Anwendung auf die Verhältnisse auch der unehelichen Kinder in ihren Beziehungen zur mütterlichen Familie. Hierhin gehört in erster Reihe ein großer Theil der Vorschriften im Buch IV Abschnitt II, Tit. 3 u. 4 des B.G.B. („Unterhaltspflicht" und „Rechtliche Stellung der ehelichen Kinder"), ferner eine Reihe zerstreuter Vorschriften, z. B. über die Verjährung von Ansprüchen zwischen Eltern und Kindern (§ 204) und über das gesetzliche Erbrecht (§§ 1924 ff.). Endlich ist der Begriff des unehelichen Kindes das Korrelat zum Begriffe des ehelichen Kindes, so daß die Vorschriften über die eheliche Abstammung (§§ 1591 ff.) für die Kenntniß des Begriffes des unehelichen Kindes unentbehrlich sind. Nach allen hier erwähnten Richtungen kommen schließlich auch noch einige allgemeinere Vorschriften des Einführungsgesetzes in Frage.

Die nachstehende Darstellung bringt deshalb und zwar in der Legalordnung des B.G.B. alle Vorschriften des letzteren, welche sich auf die Rechte von Eltern und Kindern, Abkömmlingen u. s. w. beziehen, insoweit mit zum Abdruck, als sie entweder auch auf die unehelichen Kinder Anwendung finden, oder als diese Anwendung einem Zweifel unterliegen kann, oder endlich, als die Vorschriften zum Verständniß des Rechts der unehelichen Kinder im Zusammenhang erforderlich sind. Wegen der sozialen Zusammengehörigkeit der Materien sind außerdem auch die sonstigen Vorschriften des Gesetzbuchs über den außerehelichen Geschlechtsverkehr mit aufgenommen worden. Endlich sind die Bestimmungen anderer Reichsgesetze über die unehelichen Kinder an zutreffender Stelle in den Anmerkungen abgedruckt. Diejenigen Vorschriften des B.G.B., welche gleiches Recht für eheliche wie für uneheliche Kinder enthalten, sind mit Erläuterungen nur insoweit versehen, als die Stellung der unehelichen Kinder zu Besonderheiten Veranlassung bietet. Dies gilt namentlich auch von dem — aus Zweckmäßigkeitsrücksichten vollständig abgedruckten — Titel über die Annahme an Kindesstatt. In gleicher Weise ist auch das Einführungsgesetz dargestellt. Ueber den Inhalt der Anlagen giebt das Inhaltsverzeichniß die erforderliche Auskunft.

B. Bürgerliches Gesetzbuch.

Erstes Buch.

Allgemeiner Theil.

Erster Abschnitt. Personen.

Erster Titel. Natürliche Personen.

— — — — — — — — — — — —

§. 11.

Ein eheliches Kind theilt den Wohnsitz des Vaters, ein uneheliches Kind den Wohnsitz der Mutter, ein an Kindesstatt angenommenes Kind den Wohnsitz des Annehmenden. Das Kind behält den Wohnsitz, bis es ihn rechtsgültig aufhebt.[1])

Eine erst nach dem Eintritte der Volljährigkeit des Kindes erfolgende Legitimation oder Annahme an Kindesstatt[2]) hat keinen Einfluß auf den Wohnsitz des Kindes.

[1]) Hierzu:

a) G. über den Unterstützungswohnsitz. Vom 6. Juni 1870 (B.G.Bl. S. 360).

§. 21. Uneheliche Kinder theilen in dem Umfange des §. 18 den Unterstützungswohnsitz der Mutter.

b) G. über die Erwerbung und den Verlust der Bundes- und Staatsangehörigkeit. Vom 1. Juni 1870 (B.G.Bl. S. 355).

§. 3. Durch die Geburt, auch wenn diese im Auslande erfolgt, erwerben eheliche Kinder eines Norddeutschen die Staatsangehörigkeit des Vaters, uneheliche Kinder einer Norddeutschen die Staatsangehörigkeit der Mutter.

Unter „Norddeutschen" sind jetzt „Deutsche" zu verstehen. § 2 d. G. v. 16. April 1871 (B.G.Bl. S. 63).

²) §§ 1719 ff., 1741 ff. Ueber den Einfluß der Legitimation auf die Staatsangehörigkeit vgl. § 1719 Anm. 4.

Fünfter Abschnitt. Verjährung.

— — — — — — — — — — — —

§. 204.

Die Verjährung von Ansprüchen zwischen Ehegatten ist gehemmt, solange die Ehe besteht. Das Gleiche gilt von Ansprüchen zwischen Eltern und Kindern während der Minderjährigkeit der Kinder [1]) und von Ansprüchen zwischen dem Vormund und dem Mündel während der Dauer des Vormundschaftsverhältnisses.

¹) Ohne Rücksicht auf eine bestehende elterliche Gewalt; daher auch anwendbar auf Ansprüche zwischen der Mutter und dem unehelichen Kinde, nicht aber auf Ansprüche zwischen dem letzteren und seinem Vater, insbesondere nicht auf den Unterhaltsanspruch; vgl. § 1589 Anm. 3, § 1705 Anm. 6.

Zweites Buch.

Recht der Schuldverhältnisse.

Siebenter Abschnitt. Einzelne Schuldverhältnisse.

Fünfundzwanzigster Titel. Unerlaubte Handlungen.

§. 825.

Wer eine Frauensperson[1]) durch Hinterlist, durch Drohung[2]) oder unter Mißbrauch eines Abhängigkeitsverhältnisses[3]) zur Gestattung der außerehelichen Beiwohnung bestimmt, ist ihr[4]) zum Ersatze des daraus entstehenden Schadens[5]) verpflichtet.[6]) [7])

[1]) Eine unverheirathete oder eine verheirathete. Unbescholtenheit ist nicht Voraussetzung.

[2]) Auch wenn die Drohung keinen strafrechtlichen Thatbestand darstellt.

[3]) Insbesondere eines Dienst- oder Arbeitsverhältnisses.

[4]) Gleichviel ob in der Beiwohnung ein Kind erzeugt ist oder nicht. Ist ersteres der Fall, dann findet der Anspruch aus § 1715 neben dem aus § 825 statt. Das Gleiche gilt auch im Falle des § 1300.

[5]) Für die Bemessung des Schadens gelten §§ 249 ff., 842, 847 Abs. 2, für seine Feststellung C.P.O. § 287.

[6]) Für die Ansprüche aus §§ 825 u. 1300 sind die Amtsgerichte ohne Rücksicht auf den Werth des Streitgegenstandes ausschließlich zuständig. G.V.G. § 23 Nr. 2 in Anlage I Nr. 1. (Streitig.)

[7]) Ueber die Ausschließung der Haftung wegen Unzurechnungsfähigkeit und mangelnder Einsicht gelten die allgemeinen Grundsätze (§§ 827—829). — Der Anspruch verjährt in drei Jahren seit Kenntniß von dem Schaden und der Person des Ersatzpflichtigen, ohne diese Kenntniß in 30 Jahren (§ 852).

§. 842.

Die Verpflichtung zum Schadensersatze wegen einer gegen die Person[1]) gerichteten unerlaubten Handlung erstreckt sich auf die Nachtheile, welche die Handlung für den Erwerb oder das Fortkommen des Verletzten herbeiführt.[2])

[1]) Auch nach § 825.

[2]) Im Falle des § 825 z. B. wenn die Frau diesers halb ihre Stellung hat verlassen müssen oder wenn bei einer verheiratheten Frau der Mann sich wegen des Ehebruchs hat scheiden lassen und die Frau dadurch ihre Versorgung verloren hat.

§. 847.

Im Falle der Verletzung des Körpers oder der Gesundheit sowie im Falle der Freiheitsentziehung kann der Verletzte auch wegen des Schadens, der nicht Vermögensschaden ist,[1]) eine billige Entschädigung in Geld[2]) verlangen. Der Anspruch ist nicht übertragbar[3]) und geht nicht auf die Erben über, es sei denn, daß er durch Vertrag anerkannt oder daß er rechtshängig geworden ist.

Ein gleicher Anspruch steht einer Frauensperson zu, gegen die ein Verbrechen oder Vergehen wider die Sittlichkeit[4]) begangen oder die durch Hinterlist, durch Drohung oder unter Mißbrauch eines Abhängigkeitsverhältnisses zur Gestattung der außerehelichen Beiwohnung bestimmt wird.[5])

[1]) Ausnahme von dem allgemeinen Grundsatz, wonach nur Vermögensschaden zu ersetzen ist (§ 253).

[2]) Nach richterlichem Ermessen zu schätzen (C.P.O. § 287). Ein Schätzungseid (§ 287 C.P.O. Abs. 1 Satz 3) erscheint hier unstatthaft.

[3]) Also auch nicht verpfändbar (§ 1274 Abs. 2) und nicht in der Zwangsvollstreckung pfändbar (C.P.O. § 851), demgemäß auch nicht durch Aufrechnung tilgbar (B.G.B. § 394).

[4]) St.G.B. §§ 174 ff.

[5]) § 825; insbesondere wegen Defloration, Schädigung des Rufes, Minderung der Heirathsgelegenheit u. dgl.

Viertes Buch.

Familienrecht.

Erster Abschnitt. Bürgerliche Ehe.

Erster Titel. Verlöbniß.

— — — — — — — — — — — —

§. 1300.

Hat eine unbescholtene[1]) Verlobte[2]) ihrem Verlobten[3]) die Beiwohnung gestattet,[4]) so kann sie, wenn die Voraussetzungen des §. 1298 oder des §. 1299 vorliegen,[5]) auch wegen des Schadens, der nicht Vermögensschaden ist,[6]) eine billige Entschädigung in Geld verlangen.[7])

Der Anspruch ist nicht übertragbar[8]) und geht nicht auf die Erben über, es sei denn, daß er durch Vertrag anerkannt oder daß er rechtshängig geworden ist.

[1]) Nur im Sinne von geschlechtlicher Unbescholtenheit zu verstehen. Der Begriff ist wenig klar und unterliegt der Ausdeutung nach den Umständen des Falles.

[2]) Mädchen, Wittwe oder Geschiedene.

[3]) Wirkliches Verlöbniß d. i. Eheversprechen ist vorausgesetzt.

[4]) Verführung ist nicht vorausgesetzt.

[5]) d. h. wenn entweder der Bräutigam ohne wichtigen Grund von dem Verlöbniß zurücktritt oder wenn er durch ein Verschulden seinerseits der Braut einen wichtigen Grund für deren Rücktritt giebt.

[6]) Und auch wegen des Vermögensschadens, selbst wenn er über die §§ 1298, 1299 (Ersatz der gemachten Aufwendungen u. s. w.) hinausgeht.

[7]) Vgl. hierzu § 825 Anm. 4 u. 6, § 847 Anm. 1, 2 u. 5.

[8]) Vgl. § 847 Anm. 3.

§. 1302.

Die in den §§. 1298 bis 1301 bestimmten Ansprüche verjähren[1]) in zwei Jahren[2]) von der Auflösung des Verlöbnisses an.[3])

[1]) B.G.B. §§ 194 ff.

[2]) Im Falle rechtskräftiger Feststellung des Anspruchs erst in 30 Jahren; B.G.B. § 218.

[3]) Die Auflösung erfolgt auch durch einseitigen Rücktritt.

Zweiter Titel. **Eingehung der Ehe.**

— — — — — — — — — — — — —

§. 1304.

Wer in der Geschäftsfähigkeit beschränkt ist,[1]) bedarf zur Eingehung einer Ehe der Einwilligung seines gesetzlichen Vertreters.

Ist der gesetzliche Vertreter ein Vormund,[2]) so kann die Einwilligung, wenn sie von ihm verweigert wird, auf Antrag des Mündels durch das Vormundschaftsgericht ersetzt werden.[3]) Das Vormundschaftsgericht hat die Einwilligung zu ersetzen, wenn die Eingehung der Ehe im Interesse des Mündels liegt.

[1]) B.G.B. §§ 106, 114.

[2]) Dies ist beim unehelichen Kinde stets der Fall; § 1707 Anm. 3. — Ueber das Verhältniß der Einwilligung des Vormundes zu der der Mutter s. § 1305 Anm. 4.

[3]) Wegen des Verfahrens s. unten § 1847 und F.G.G. § 53 (unten bei § 1727 Anm. 3); über das Beschwerderecht vgl. F.G.G. § 59.

§. 1305.

Ein eheliches Kind[1]) bedarf bis zur Vollendung des einundzwanzigsten Lebensjahrs[2]) zur Eingehung einer Ehe der Einwilligung des Vaters, ein uneheliches Kind bedarf bis zum gleichen Lebensalter der Einwilligung der Mutter.[3])[4]) An die Stelle des Vaters tritt die Mutter, wenn der Vater gestorben ist oder wenn ihm die sich aus der Vaterschaft ergebenden Rechte nach §. 1701 nicht zustehen.[5]) Ein für ehelich erklärtes Kind[6]) bedarf der Einwilligung der Mutter auch dann nicht, wenn der Vater gestorben ist.[7])

Dem Tode des Vaters oder der Mutter steht es gleich, wenn sie zur Abgabe einer Erklärung dauernd außer Stande sind oder wenn ihr Aufenthalt dauernd unbekannt ist.

1) Auch ein legitimirtes; §§ 1719, 1736.

2) Auch wenn es für volljährig erklärt ist; vgl. § 1308 Anm. 1.

3) Selbst wenn deren Recht, für die Person des Kindes zu sorgen, beschränkt oder aufgehoben ist; vgl. §§ 1666, 1680 Anm. 1.

4) Ein minderjähriges uneheliches Kind bedarf sonach der Einwilligung des Vormundes nach § 1304 und der Mutter nach § 1305. Nur die Einwilligung des Vormundes, nicht die der Mutter kann durch das Vormundschaftsgericht gemäß § 1304 ersetzt werden. Ist die Mutter zugleich Vormund, so ertheilt sie die Einwilligung in beiden Eigenschaften. Eine Ersetzung ihrer Einwilligung als Vormund ist zwar auch in diesem Falle zulässig, aber praktisch bedeutungslos, so lange die mütterliche Einwilligung verweigert bleibt.

Die mangelnde Einwilligung der Mutter stellt indessen nur ein aufschiebendes, die mangelnde Einwilligung des Vormundes ein trennendes Ehehinderniß dar (§§ 1323, 1330, 1331).

5) Abs. 1 Satz 2 betrifft solche Kinder aus nichtigen Ehen, welche nach § 1699 als ehelich gelten; vgl. auch § 1721.

6) Vgl. §§ 1723 ff. Ein solches Kind bedarf der Zustimmung des Vaters; vgl. Anm. 1.

7) Vgl. § 1738.

§. 1306.

Einem an Kindesstatt angenommenen Kinde 1) gegenüber steht die Einwilligung zur Eingehung einer Ehe an Stelle der leiblichen Eltern 2) demjenigen zu, welcher das Kind angenommen hat. Hat ein Ehepaar das Kind gemeinschaftlich oder hat ein Ehegatte das Kind des anderen Ehegatten angenommen,[3] so finden die Vorschriften des §. 1305 Abs. 1 Satz 1, 2, Abs. 2 Anwendung.[4])

Die leiblichen Eltern erlangen das Recht zur Einwilligung auch dann nicht wieder, wenn das durch die Annahme an Kindesstatt begründete Rechtsverhältniß aufgehoben wird.[5])

[1]) §§ 1741 ff.

[2]) Beim unehelichen Kinde an Stelle der leiblichen Mutter (§ 1305). Da der Annehmende ferner die elterliche Gewalt erlangt (§ 1757), so übt er bei Minderjährigkeit des Kindes noch außerdem das Einwilligungsrecht auf Grund des § 1304 aus. Nach beiden Richtungen hin unterliegt seine Einwilligung keiner Ersetzung nach § 1304 Abs. 2; vgl. § 1305 Anm. 4. Das Vorstehende gilt auch, wenn eine Frau ihr eigenes uneheliches Kind an Kindes Statt annimmt; vgl. § 1741 Anm. 3; die leibliche und die annehmende Mutter sind dann identisch.

[3]) § 1757 Abs. 2.

[4]) Aber nur die dort Betreffs der ehelichen Kinder gegebenen Vorschriften, weil das angenommene Kind die Stellung eines ehelichen Kindes beider Ehegatten erlangt; § 1757 Abs. 2. Nimmt also ein Mann das uneheliche Kind seiner Frau an Kindes Statt an, oder thun dies beide Ehegatten, so ist nur die Einwilligung des annehmenden Stiefvaters erforderlich, die der Mutter nur nach dem Tode des ersteren oder im Falle von § 1305 Abs. 2.

Nehmen beide Eheleute das uneheliche Kind des Mannes an Kindes Statt an, so gilt das Gleiche. Nimmt die Frau allein es an, so ist sie allein sowohl nach § 1304, als nach § 1306 zur Einwilligung berechtigt; vgl. § 1757 Anm. 6.

[5]) Vgl. § 1765 Abs. 2, §§ 1768, 1772. — Abs. 2 findet keine Anwendung, wenn der Ehemann oder beide Eheleute das uneheliche Kind der Frau an Kindes Statt angenommen haben (vgl. § 1757 Anm. 6 zu a u. b) und die Annahme wieder aufgehoben wird. In diesem Falle lebt das Einwilligungsrecht der Mutter im früheren Umfange wieder auf, weil es auch trotz der Annahme an Kindes Statt in gewissem Umfange erhalten geblieben war (s. Anm. 4); der Ausdruck des Textes („erlangen — nicht wieder") paßt auf diesen Fall nicht. Noch weniger gilt Abs. 2 für den Fall, wenn eine Frau ihr eigenes uneheliches Kind adoptirt hatte (vgl. § 1741 Anm. 3, § 1757 Anm. 6 zu c) und dieses Verhältniß später wieder aufgehoben wird; vgl. § 1772 Anm. 1.

§. 1307.

Die elterliche Einwilligung kann nicht durch einen Vertreter ertheilt werden. Ist der Vater oder die Mutter in der Geschäftsfähigkeit beschränkt, so ist die Zustimmung des gesetzlichen Vertreters nicht erforderlich.

§. 1308.

Wird die elterliche Einwilligung einem volljährigen Kinde[1]) verweigert, so kann sie auf dessen Antrag durch das Vormundschaftsgericht ersetzt werden. Das Vormundschaftsgericht hat die Einwilligung zu ersetzen, wenn sie ohne wichtigen Grund verweigert wird.

Vor der Entscheidung soll das Vormundschaftsgericht Verwandte oder Verschwägerte des Kindes hören, wenn es ohne erhebliche Verzögerung und ohne unverhältnißmäßige Kosten geschehen kann.

Für den Ersatz der Auslagen gilt die Vorschrift des §. 1847 Abs. 2.[2])

[1]) d. i. einem für volljährig erklärten, vgl. § 1305 Anm. 2.

[2]) Vgl. auch § 1304 Anm. 3.

§. 1310.

Eine Ehe darf nicht geschlossen werden zwischen Verwandten in gerader Linie,[1]) zwischen vollbürtigen[2]) oder halbbürtigen[3]) Geschwistern sowie zwischen Verschwägerten in gerader Linie.[4])[5])

Eine Ehe darf nicht geschlossen werden zwischen Personen, von denen die eine mit Eltern, Voreltern oder Abkömmlingen der anderen Geschlechtsgemeinschaft gepflogen hat.[6])[7])

Verwandtschaft im Sinne dieser Vorschriften[8]) besteht auch[9]) zwischen einem unehelichen Kinde[10]) und dessen Abkömmlingen[11]) einerseits und dem Vater und dessen Verwandten andererseits.[12])[13])

[1]) § 1589 Satz 1.

[2]) Das sind solche, die beide Eltern gemeinsam haben.

[3]) Das sind solche, die nur den Vater oder nur die Mutter gemeinsam haben.

[4]) Vgl. § 1590 mit § 1589 Abs. 1, insbesondere auch § 1590 Abs. 2.

[5]) Eine Uebertretung des Abs. 1 hat die Nichtigkeit der Ehe zur Folge; § 1327.

[6]) Sog. affinitas illegitima. Ein Mann, der mit einer Frau Geschlechtsgemeinschaft gepflogen hat, darf deren Mutter oder Tochter, eine Frau, die mit einem Manne Geschlechtsgemeinschaft gepflogen hat, darf dessen Vater oder Sohn nicht heirathen.

[7]) Eine Uebertretung des Abs. 2 macht (abweichend von Abs. 1) die Ehe weder nichtig noch anfechtbar; §§ 1323 ff., 1330 ff.

[8]) d. i. sowohl im Sinne von Abs. 1 u. 2 als auch von Abs. 3; vgl. Anm. 11.

[9]) Ausnahme von § 1589 Abs. 2.

[10]) Begriff s. § 1591 Anm. 1, § 1705 Anm. 3. Darnach ist auch ein notorisch im Ehebruch erzeugtes Kind ein eheliches, wenn der Ehemann die Ehelichkeit nicht anficht. Der Erzeuger des Kindes darf das letztere allerdings nach Abs. 2 nicht heirathen (vgl. aber Anm. 5 u. 7); zwischen dem Kinde und anderen Kindern, welche derselbe Mann mit einer anderen Frau erzeugt hat, ist indessen die Ehe nicht verboten.

[11]) Auch seinen unehelichen Abkömmlingen, selbstwenn es ein Mann ist; vgl. Anm. 8.

[12]) Namentlich auch dessen anderweiten (ehelichen oder unehelichen) Abkömmlingen, deshalb auch zwischen zwei unehelichen Kindern desselben Vaters, aber verschiedener Mütter.

[13]) Insoweit nach Abs. 3 Verwandtschaft herrscht, tritt auch durch eine Verheirathung Schwägerschaft ein (§ 1590). Dauach wird also z. B. der Vater mit der Frau seines unehelichen Sohnes im Sinne des § 1310 verschwägert und darf sie nach Auflösung der Ehe nicht heirathen, ebenso der uneheliche Sohn nicht die Frau seines Vaters. Dieses Ehehinderniß besteht nicht nur nach Abs. 2, sondern auch nach Abs. 1, was von Erheblichkeit ist; s. Anm. 5 u. 7.

§. 1811.

Wer einen Anderen an Kindesstatt angenommen hat,[1]) darf mit ihm oder dessen Abkömmlingen eine Ehe nicht eingehen, solange das durch die Annahme begründete Rechtsverhältniß besteht.

[1]) §§ 1741 ff.

§. 1314.

Wer ein eheliches[1]) Kind hat, das minderjährig ist oder unter seiner Vormundschaft steht,[2]) darf eine Ehe erst eingehen, nachdem ihm das Vormundschaftsgericht ein Zeugniß darüber ertheilt hat, daß er die im §. 1669 bezeichneten Verpflichtungen erfüllt hat, oder daß sie ihm nicht obliegen.

Ist im Falle der fortgesetzten Gütergemeinschaft ein antheilsberechtigter Abkömmling[3]) minderjährig oder bevormundet, so darf der überlebende Ehegatte eine Ehe erst eingehen, nachdem ihm das Vormundschaftsgericht ein Zeugniß darüber ertheilt hat, daß er die im §. 1493 Abs. 2 bezeichneten Verpflichtungen erfüllt hat oder daß sie ihm nicht obliegen.

[1]) Oder legitimirtes; §§ 1719, 1736.

[2]) Gilt trotz § 1705 nicht für die Mutter des unehelichen Kindes, auch wenn sie Vormund ist; vgl. § 1705 Anm. 6.

[3]) Dies kann nur ein eheliches (oder legitimirtes) Kind sein; vgl. § 1483.

Zweiter Abschnitt. Verwandtschaft.

Erster Titel. Allgemeine Vorschriften.

§. 1589.

Personen, deren eine von der anderen abstammt, sind in gerader Linie verwandt. Personen, die nicht in gerader Linie verwandt sind, aber von derselben dritten Person abstammen, sind in der Seitenlinie verwandt. Der Grad der Verwandtschaft bestimmt sich nach der Zahl der sie vermittelnden Geburten.

Ein uneheliches Kind[1]) und dessen Vater[2]) gelten nicht[3])[4]) als verwandt.[5])

[1]) Ueber den Begriff des unehelichen Kindes s. § 1591 Anm. 1, § 1705 Anm. 3.

[2]) Ueber das Verhältniß des Kindes zur Mutter s. § 1705.

[3]) „gelten nicht", obwohl sie es thatsächlich sind (Fiktion). Das bedeutet: es wird so angesehen, als ob die Abstammung des Kindes vom Vater (Abs. 1) nicht vorhanden wäre. Das uneheliche Kind gilt sonach rechtlich als vaterlos. Wo im Gesetz vom Vater oder den Eltern gesprochen wird, ist sein Vater nicht darunter begriffen. Wo die der Verwandtschaft entnommenen Ausdrücke gebraucht werden (Großeltern, Voreltern, Kinder, Abkömmlinge, Geschwister, Verwandte, Familienangehörige u. s. w.) fällt das uneheliche Kind im Verhältniß zum Vater und der väterlichen Familie nicht darunter.

Die Verwandtschaft kann hergestellt werden: voll mittels Legitimation durch nachfolgende Ehe (§ 1719); beschränkt durch Ehelichkeitserklärung (§§ 1736 ff.).

[4]) Eine Ausnahme von den Grundsätzen der Anm. 3 machen:

a) das Eheverbot; vgl. § 1310 Abs. 3,

b) die Unterhaltspflicht, insoweit sie in den §§ 1708 ff. geregelt ist; vgl. § 1717.

Im Sinne der Vorschriften zu a und b gelten auch der Vater und das uneheliche Kind als leibliche Verwandte; vgl. § 1766 Anm. 2.

[5]) Daraus folgt, daß das Kind mit den übrigen, sei es ehelichen oder unehelichen, Kindern desselben Vaters gleichfalls nicht als verwandt gilt; vgl. Abs. 1

Satz 2 und Anm. 3). Eine Ausnahme macht auch hier das Eheverbot (§ 1310 Abs. 3).

Ueber das Verhältniß zu den Geschwistern mütterlicherseits s. § 1705 Anm. 5.

§. 1590.

Die Verwandten eines Ehegatten sind mit dem anderen Ehegatten[1]) verschwägert.[2])[3]) Die Linie und der Grad der Schwägerschaft bestimmen sich nach der Linie und dem Grade der sie vermittelnden Verwandtschaft.

Die Schwägerschaft dauert fort, auch wenn die Ehe, durch die sie begründet wurde, aufgelöst ist.[4])

[1]) Schwägerschaft wird nur durch die Ehe, nicht durch außereheliche Beiwohnung begründet; vgl. aber § 1310 Abs. 2.

[2]) Wo rechtlich die Verwandtschaft als nichtvorhanden fingirt wird (§ 1589 Abs. 2), da tritt auch keine Schwägerschaft ein. Das uneheliche Kind wird deshalb mit der Frau seines Vaters und der Ehegatte des unehelichen Kindes mit dem Vater des letzteren nicht verschwägert. Eine Ausnahme macht auch hier das Eheverbot; § 1310 Anm. 13. — Wegen der Wirkung der Ehelichkeitserklärung in diesem Falle s. § 1737.

[3]) Dagegen ist das uneheliche Kind, wenn dessen Mutter sich verheirathet, mit dem Ehemann (Stiefvater) verschwägert (§§ 1589, 1705). Ebenso wird es verschwägert mit den Ehegatten seiner mütterlichen Geschwister, nicht aber mit den Ehegatten der väterlichen Geschwister.

[4]) Aber neue Schwägerschaften mit den nachher geborenen Kindern des früheren Ehegatten entstehen nicht mehr. Läßt sich ein Mann wegen Ehebruchs der Frau scheiden und ficht er zugleich die Ehelichkeit des im Ehe-

bruch erzeugten Kindes an, so wird er mit dem Kinde verschwägert, wenn es noch in bestehender Ehe, nicht aber, wenn es nach ausgesprochener Scheidung geboren wird. Ein Eheverbot zwischen Mann und Kind besteht regelmäßig auch in letzterem Falle aber nur nach § 1310 Abs. 2; vgl. § 1310 Anm. 7.

Zweiter Titel. **Eheliche Abstammung.**[1])

§. 1591.

Ein Kind, das nach der Eingehung der Ehe[2]) geboren wird, ist ehelich, wenn die Frau es vor oder während der Ehe empfangen und der Mann innerhalb der Empfängnißzeit[3]) der Frau beigewohnt hat.[4]) Das Kind ist nicht ehelich, wenn es den Umständen nach offenbar unmöglich ist,[5]) daß die Frau das Kind von dem Manne empfangen hat.

Es wird vermuthet,[6]) daß der Mann innerhalb der Empfängnißzeit der Frau beigewohnt habe. Soweit die Empfängnißzeit in die Zeit vor der Ehe fällt, gilt die Vermuthung nur, wenn der Mann gestorben ist,[7]) ohne die Ehelichkeit des Kindes angefochten zu haben.[8])

[1]) Aus dem Begriff der ehelichen Abstammung ergiebt sich zugleich der Begriff der Unehelichkeit. Ein Kind, das nach den Bestimmungen des zweiten Titels nicht ehelich ist, ist unehelich und unterliegt den Bestimmungen des sechsten Titels. Ein Kind, das nach den Bestimmungen des zweiten Titels als ehelich anzusehen ist, kann dagegen auch zu seinen Gunsten niemals die Rechte der unehelichen Kinder geltend machen.

Ueber die Kinder aus nichtigen Ehen s. indessen §§ 1699 ff.

[2]) Dahin fällt auch die Zeit nach Auflösung der Ehe; vgl. § 1593.

[3]) § 1592.

[4]) Auch wenn eine solche Beiwohnung nicht stattgefunden hat, ist das Kind regelmäßig ein eheliches, falls der Mann es hierbei belassen will. Nur ausnahmsweise sind andere Personen zur Geltendmachung der Unehelichkeit befugt; vgl. § 1593 mit Anm. 3.

[5]) Vgl. § 1717 Anm. 7 und vorstehend Anm. 4.

[6]) Gegenbeweis ist zulässig; C.P.O. § 292.

[7]) Nämlich vor Ablauf der Frist des § 1594.

[8]) Die Rechtslage eines Kindes, das innerhalb der ersten 180 Tage seit Eingehung der Ehe geboren wird, ist danach folgende:

a) Der Mann ficht die Ehelichkeit fristgemäß (§ 1594) an, dann gilt die Vermuthung des Abs. 2 nicht, vielmehr muß die voreheliche Beiwohnung bewiesen werden.

b) Der Mann erkennt das Kind an oder läßt die Frist des § 1594 verstreichen, dann gilt das Kind als ehelich (§ 1593).

c) Der Mann stirbt vor dem Ablauf der Frist des § 1594, dann gilt die Vermuthung des Abs. 2 Satz 1 und zwar selbst in dem Falle, wenn der Mann von der Geburt keine Kenntniß erhalten hat und selbst wenn er vor der Geburt gestorben ist. Wer die Unehelichkeit behauptet, muß den Gegenbeweis führen.

§. 1592.

Als Empfängnißzeit gilt[1]) die Zeit von dem einhunderteinundachtzigsten bis zu dem dreihundertundzweiten Tage vor dem Tage der Geburt des Kindes, mit Einschluß sowohl des einhunderteinundachtzigsten als des dreihundertundzweiten Tages.[2])

Steht fest, daß das Kind innerhalb eines Zeitraums empfangen worden ist, der weiter als dreihundertundzwei Tage vor dem Tage der Geburt zurückliegt,[3] so gilt zu Gunsten der Ehelichkeit[4] des Kindes dieser Zeitraum[5] als Empfängnißzeit.[6]

[1] Ohne Zulassung eines Gegenbeweises, vorbehaltlich des Abs. 2.

[2] Aber mit Ausschluß des Tages der Geburt; vgl. B.G.B. § 187 Abs. 1. Uebereinstimmend mit § 1717 Abs. 2. — Vgl. hierzu die Tabelle in Anlage III.

[3] d. h. wenn positiv bewiesen wird, daß die Mutter länger als 302 Tage schwanger war.

[4] Nicht aber zu deren Ungunsten. Ein Kind, das in den ersten 302 Tagen seit Eingehung der Ehe geboren ist, kann unter keinen Umständen wegen des Nachweises, daß die Schwangerschaft über 302 Tage gedauert hat, für unehelich erklärt werden.

[5] Also wenn festgestellt werden kann, daß die Empfängniß zwischen dem 304.—308. Tage stattgefunden hat, gilt dieser Zeitraum als Empfängnißzeit. Fällt dieser Zeitraum ganz oder theilweise in die Ehe, so gilt für die Ehelichkeit § 1591.

[6] Abs. 2 gilt zunächst für Kinder, die nach Auflösung der Ehe geboren sind. (Ueber die Stellung dieser Kinder vgl. § 1593 Anm. 3 zu D.) Seine Anwendung kann aber auch bei in der Ehe geborenen Kindern stattfinden, falls feststeht, daß der Mann in der Empfängnißzeit des Abs. 1 der Frau nicht beigewohnt hat.

§. 1593.

Die Unehelichkeit eines Kindes, das während der Ehe[1] oder innerhalb dreihundertundzwei Tagen nach der Auflösung der Ehe geboren ist, kann nur geltend gemacht werden, wenn der Mann die Ehelichkeit angefochten hat[2]) oder, ohne das Anfechtungsrecht verloren zu haben, gestorben ist.[3]) [4])

[1]) Gleichviel wie lange nach der Eheschließung, wenn auch sofort.

[2]) Vgl. §§ 1594, 1596.

[3]) Der Mann hat es, wenn er lebt, in der Hand, auch ein nicht von ihm erzeugtes Kind als ehelich gelten zu lassen. Steht in Frage, ob ein Kind ein eheliches oder ein uneheliches ist, so gestaltet sich danach die Lage wie folgt:

A. Das Kind ist während der Ehe geboren und der Ehemann lebt, dann kann nur dieser die Ehelichkeit anfechten. Thut er dies nicht, so kann weder die Mutter, noch das Kind, noch ein Dritter die Unehelichkeit geltend machen. Klagen gegen den unehelichen Erzeuger sind also unzulässig.

B. Das Kind ist nach Auflösung der Ehe, aber innerhalb 302 Tagen geboren und der Ehemann der Mutter lebt, dann gilt dasselbe wie unter A.

C. Ist in den Fällen zu A. und B. der Ehemann gestorben, dann kommt es darauf an, wann dies geschehen ist:

a) Ist er vor dem Ablauf der Frist des § 1504 gestorben, dann steht es jedem Interessenten frei, die Unehelichkeit geltend zu machen und zwar sowohl durch Klage als durch Einrede. Insbesondere kann das Kind selbst gegen seinen Erzeuger auf Unterhalt klagen.

b) Ist der Mann zwar nach dem Ablauf der Frist gestorben, aber nachdem er die Ehelichkeit fristgemäß angefochten hatte, so gilt das Gleiche wie zu a.

c) Ist der Mann gestorben, nachdem die Frist ohne Anfechtung abgelaufen ist, dann ist das Kind ein eheliches.

D. Das Kind ist später als 302 Tage nach Auflösung der Ehe geboren, dann findet § 1593 überhaupt keine Anwendung. Ein solches Kind gilt, ohne daß eine Anfechtung der Ehelichkeit stattfände, als ein uneheliches und die Unehelichkeit kann von jedem Interessenten in jedem Verfahren geltend gemacht werden. Wer die ausnahmsweise Ehelichkeit auf Grund des § 1592 Abs. 2 behauptet, kann dies sowohl mittels Klage als mittels Einrede thun.

Die vorstehenden Grundsätze gelten auch für den Fall, daß das Kind gestorben ist.

[4]) Für die Nachfolge in Lehen und Fideikommisse kann die Landesgesetzgebung abweichende Bestimmungen treffen. E.G. z. B.G.B. Art. 59. In Preußen gelten die Sonderbestimmungen der §§ 17, 18 II 2 A.L.R. fort; vgl. Preuß. A.G. z. B.G.B. Art. 89 Nr. 1c. Der § 643 C.P.O. über die Wirkung der Urtheile (s. § 1596 Anm. 3) gilt indessen in Ermangelung eines gesetzlichen Vorbehalts auch für Lehns- und Fideikommißanwärter.

§. 1594.[1])

Die Anfechtung der Ehelichkeit kann nur binnen Jahresfrist erfolgen.

Die Frist beginnt mit dem Zeitpunkt, in welchem der Mann die Geburt des Kindes erfährt.

Auf den Lauf der Frist finden die für die Verjährung geltenden Vorschriften der §§. 203, 206 entsprechende Anwendung.[2])

[1]) Die §§ 1594—1599 beziehen sich nicht auf Kinder, die später als 302 Tage nach Auflösung der Ehe geboren sind; vgl. § 1593 Anm. 3 zu D.

[2]) Die Vorschriften lauten:

§. 203. Die Verjährung ist gehemmt, so lange der Berechtigte durch Stillstand der Rechtspflege innerhalb der letzten sechs Monate der Verjährungsfrist an der Rechtsverfolgung verhindert ist.

Das Gleiche gilt, wenn eine solche Verhinderung in anderer Weise durch höhere Gewalt herbeigeführt wird.

§. 206. Ist eine geschäftsunfähige oder in der Geschäftsfähigkeit beschränkte Person ohne gesetzlichen Vertreter, so wird die gegen sie laufende Verjährung nicht vor dem Ablaufe von sechs Monaten nach dem Zeitpunkte vollendet, in welchem die Person unbeschränkt geschäftsfähig wird oder der Mangel der Vertretung aufhört. Ist die Verjährungsfrist kürzer als sechs Monate, so tritt der für die Verjährung bestimmte Zeitraum an die Stelle der sechs Monate.

Diese Vorschriften finden keine Anwendung, soweit eine in der Geschäftsfähigkeit beschränkte Person prozeßfähig ist.

Zum letzten Absatz vgl. § 1595 Abs. 1 Satz 2 u. C.P.O. § 641 Abs. 2.

§. 1595.[1])

Die Anfechtung der Ehelichkeit kann nicht durch einen Vertreter[2]) erfolgen. Ist der Mann in der Geschäftsfähigkeit beschränkt,[3]) so bedarf er nicht der Zustimmung seines gesetzlichen Vertreters.

Für einen geschäftsunfähigen Mann[4]) kann sein gesetzlicher Vertreter mit Genehmigung des Vormundschaftsgerichts die Ehelichkeit anfechten. Hat der gesetzliche Vertreter die Ehelichkeit nicht rechtzeitig angefochten, so kann nach dem Wegfalle der Geschäftsunfähigkeit der Mann selbst die Ehelichkeit in gleicher Weise anfechten, wie wenn er ohne gesetzlichen Vertreter gewesen wäre.[5])

[1]) Vgl. § 1594 Anm. 1.

[2]) Weder Bevollmächtigten noch gesetzlichen Vertreter.

[3]) B.G.B. §§ 106, 114; vgl. dazu C.P.O. § 641 Abs. 2.

[4]) B.G.B. § 104; s. dazu C.P.O. § 641 Abs. 2.

[5]) B.G.B. § 206 (bei § 1594 Anm. 2).

§. 1596.

Die Anfechtung der Ehelichkeit erfolgt bei Lebzeiten des Kindes durch Erhebung der Anfechtungsklage.[1]) Die Klage ist gegen das Kind[2]) zu richten.[3])

Wird die Klage zurückgenommen, so ist die Anfechtung als nicht erfolgt anzusehen. Das Gleiche gilt, wenn der Mann vor der Erledigung des Rechtsstreits das Kind als das seinige anerkennt.[4])

Vor der Erledigung des Rechtsstreits kann die Unehelichkeit nicht anderweit geltend gemacht werden.[5])

[1]) Vgl. § 1594 Anm. 1. — Für den Prozeß und ebenso für die Anfechtung der Anerkennung der Ehelichkeit nach § 1599 gelten die besonderen Bestimmungen der §§ 641—643 C.P.O.

[2]) Bei Minderjährigkeit gegen dessen gesetzlichen Vertreter. Regelmäßig wird dem Kinde ein Pfleger zu bestellen sein (B.G.B. § 1909).

[3]) Ueber die Wirkung des Urtheils bestimmt die C.P.O. § 643 Satz 1:

„In den Fällen der §§. 640, 641 wirkt das Urtheil, sofern es bei Lebzeiten der Parteien rechtskräftig wird, für und gegen Alle."

Ist das Kind für unehelich erklärt, so kann demnach der als Erzeuger in Anspruch Genommene nicht einwenden, daß es ein eheliches sei. Dagegen bleibt ihm unbenommen, die Beiwohnung des Ehemannes als exceptio plurium (§ 1717) geltend zu machen. Die entgegenstehende Feststellung in den Gründen des Urtheils wird nicht rechtskräftig; C.P.O. § 322.

Ist — wenn auch nur durch Abweisung der Klage — das Kind für ehelich erklärt, so kann es niemals seinen außerehelichen Erzeuger in Anspruch nehmen; vgl. § 1591 Anm. 1.

[4]) Vgl. § 1598 Abs. 1. Nach rechtskräftiger Unehelichkeitserklärung kann eine Anerkennung nicht mehr erfolgen.

[5]) Vor der Erhebung der Anfechtungsklage gleichfalls nicht; § 1593. Die Erledigung erfolgt durch rechtskräftiges Urtheil, Tod des Mannes oder Tod des Kindes. Ueber den ersten Fall vgl. Anm. 3, über den zweiten Fall s. § 1593 Anm. 3 zu C, über den dritten Fall s. § 1597 Anm. 2.

§. 1597.[1])

Nach dem Tode des Kindes erfolgt die Anfechtung der Ehelichkeit[2]) durch Erklärung gegenüber[3]) dem Nachlaßgerichte;[4]) die Erklärung ist in öffentlich beglaubigter Form[5]) abzugeben.

Das Nachlaßgericht soll[6]) die Erklärung sowohl demjenigen mittheilen, welcher im Falle der Ehelichkeit, als auch demjenigen, welcher im Falle der Unehelichkeit Erbe des Kindes ist.[7]) Es hat die Einsicht der Erklärung Jedem zu gestatten,[8]) der ein rechtliches Interesse glaubhaft macht.[9])

[1]) Vgl. § 1594 Anm. 1.

[2]) Wenn sie nicht schon vorher gemäß § 1596 geschehen ist. Stirbt das Kind im Laufe des Rechtsstreits, so bleibt die Wirkung der Anfechtung bestehen.

[3]) „gegenüber", vgl. B.G.B. § 130 unten bei § 1726 Anm. 5.

[4]) Zuständigkeit s. F.G.G. §§ 72, 73.

[5]) D. i. unter Beglaubigung der Unterschrift oder des Handzeichens; vgl. das Nähere bei § 1706 Anm. 18.

[6]) Eine Unterlassung der Mittheilung macht den Richter verantwortlich, ist aber für die Gültigkeit der Anfechtung einflußlos.

[7]) Das Gericht hat die Erben von Amtswegen zu ermitteln; F.G.G. § 12.

[8]) Bei Versagung Beschwerde nach §§ 19 ff. F.G.G.

[9]) Begriff der Glaubhaftmachung s. F.G.G. § 15 Abs. 2.

§. 1598.[1])

Die Anfechtung der Ehelichkeit ist ausgeschlossen, wenn der Mann das Kind nach der Geburt[2]) als das seinige anerkennt.[3])

Die Anerkennung kann nicht unter einer Bedingung oder einer Zeitbestimmung erfolgen.[4])

Für die Anerkennung gelten die Vorschriften des §. 1595 Abs. 1.[5]) Die Anerkennung kann auch in einer Verfügung von Todeswegen[6]) erfolgen.

[1]) Vgl. § 1594 Anm. 1.

[2]) Anerkennung vor der Geburt ist wirkungslos.

[3]) Die Anerkennung ist weder annahme- noch empfangsbedürftig und kann formlos geschehen, aber nicht stillschweigend (letzteres streitig). Die Anerkennung bleibt wirksam, auch wenn der Mann es wußte, daß das Kind

nicht das seinige ist. Ueber den Irrthum bei der Anerkennung s. § 1599.

[4]) Sonst ist sie wirkungslos.

[5]) Abs. 2 ist nicht anwendbar. Bei Geschäftsunfähigkeit des Mannes kann sonach die Anerkennung nicht erfolgen.

[6]) Testament oder Erbvertrag (§§ 1937, 1941), in letzterem aber nicht als vertragsmäßige, sondern nur als einseitige Verfügung (§§ 2278 Abs. 2, 2299). Die Anerkennung in einer Verfügung von Todeswegen erlangt erst mit dem Tode Wirksamkeit und ist widerruflich, selbst wenn sie in einem offengelegten Erbvertrag erfolgt ist (§ 2253 u. § 2299 Abs. 1 u. 2).

§. 1599.[1])

Ist die Anerkennung der Ehelichkeit anfechtbar,[2]) so finden die Vorschriften der §§. 1595 bis 1597 und, wenn die Anfechtbarkeit ihren Grund in arglistiger Täuschung oder in Drohung hat,[3]) neben den Vorschriften des §. 203 Abs. 2 und des §. 206 auch die Vorschrift des §. 203 Abs. 1 entsprechende Anwendung.[4])

[1]) Vgl. § 1594 Anm. 1.

[2]) Wegen Irrthums, Täuschung oder Drohung, §§ 119, 123.

[3]) Für diese Fälle ist in § 124 eine Anfechtungsfrist von einem Jahr und die Anwendung des § 203 Abs. 2 sowie der §§ 206, 207 angeordnet.

[4]) s. die Vorschriften oben bei § 1594 Anm. 2; vgl. ferner § 1596 Anm. 1 u. 3.

§. 1600.

Wird von einer Frau, die sich nach der Auflösung ihrer Ehe wiederverheirathet hat,[1]) ein Kind geboren, das nach den §§. 1591 bis 1599 ein eheliches Kind sowohl des ersten als des zweiten Mannes sein würde, so gilt das Kind, wenn es innerhalb zweihundertundsiebzig Tagen nach der Auflösung der früheren Ehe geboren wird, als Kind des ersten Mannes, wenn es später geboren wird, als Kind des zweiten Mannes.[2])

[1]) Gleichviel ob unter Uebertretung des Verbotes der Wartezeit oder unter Befreiung davon (§ 1313).

[2]) Die Vorschrift setzt die Ehelichkeit des Kindes voraus und regelt die Frage, welcher der beiden Männer als ehelicher Vater anzusehen ist. Ficht der eine der beiden Männer die Ehelichkeit an (§§ 1593 ff.), so kann in diesem Falle das Kind nicht für unehelich erklärt werden, vielmehr ist es alsdann ein eheliches Kind des anderen Mannes (§ 1591).

Dritter Titel. **Unterhaltspflicht.**[1])

§. 1601.

Verwandte in gerader Linie[2]) sind verpflichtet, einander Unterhalt zu gewähren.[3])

[1]) Die Vorschriften dieses Titels sind anwendbar auf die Unterhaltspflicht zwischen dem unehelichen Kinde einerseits und der Mutter sowie den mütterlichen Verwandten andrerseits (§ 1705), nicht aber auf das Verhältniß zwischen dem unehelichen Kinde und seinem Vater (vgl. § 1589 Abs. 2). Für die Unterhaltspflicht des Vaters gelten lediglich die §§ 1708 ff. Nur für die Kinder aus nichtigen Ehen besteht eine Ausnahme (§ 1703); vgl. ferner § 1608 Anm. 1. Eine Unterhaltspflicht des unehelichen Kindes gegenüber seinem Vater besteht nicht.

Ueber die Konkurrenz der Unterhaltspflicht des Vaters mit der der mütterlichen Familie vgl. § 1709. — Ueber die Stellung des für ehelich erklärten Kindes s. § 1739.

[2]) Also das uneheliche Kind und seine Abkömmlinge sowie dessen Mutter mit ihren Eltern und Voreltern (§ 1589). Diese Personen haben eine gegenseitige Unterhaltspflicht. Ist das uneheliche Kind ein Mann, so tritt nur seine eheliche Nachkommenschaft, ist es eine Frau, so tritt auch ihre uneheliche Nachkommenschaft in den Unterhaltsverband. Das Entsprechende gilt auch für die ferneren Grade.

Ist die Mutter ein uneheliches Kind, so tritt nur ihre Mutter, nicht ihr Vater in den Unterhaltsverband. Das Entsprechende gilt auch in den entfernteren Graden.

[3]) Ueber den Fall, daß diese Personen den Unterhalt gewähren, ohne dazu verpflichtet zu sein, bestimmt § 685 Abs. 2:

> Gewähren Eltern oder Voreltern ihren Abkömmlingen oder diese jenen Unterhalt, so ist im Zweifel anzunehmen, daß die Absicht fehlt, von dem Empfänger Ersatz zu verlangen.

Für den Umfang der Vorschrift gilt Anm. 1. — Gewährt der außereheliche Vater seinem Kinde in einem Falle, in welchem er dazu nicht verpflichtet ist (z. B. über das sechszehnte Jahr hinaus) Unterhalt, so ist lediglich aus der Sachlage zu beurtheilen, ob eine Schenkung vorliegt.

§ 685 bezieht sich übrigens nur auf den Ersatz aus dem Vermögen des Alimentirten. Ueber das Verhältniß zu Dritten vgl. § 1607 Abs. 2 u. § 1709 Abs. 2.

§. 1602.[1])

Unterhaltsberechtigt ist nur, wer außer Stande ist, sich selbst zu unterhalten.

Ein minderjähriges unverheirathetes Kind kann von seinen Eltern,[2]) auch wenn es Vermögen[3]) hat, die Gewährung des Unterhalts insoweit verlangen, als die Einkünfte seines Vermögens und der Ertrag seiner Arbeit zum Unterhalte nicht ausreichen.

[1]) Vgl. § 1601 Anm. 1.

[2]) Auch das uneheliche Kind von seiner Mutter, aber nur, wenn es vom Vater sei es wegen Ueberschreitens des sechszehnten Jahres (vgl § 1708 Anm. 12), sei es wegen der exceptio plurium (§ 1717 Anm. 6), sei es wegen Zahlungsunfähigkeit keinen Unterhalt erlangen kann; vgl. § 1709.

[3]) Die Abfindung aus der Erbschaft des verstorbenen Vaters (§ 1712 Abs. 2) ist nicht als Vermögen, sondern als Unterhaltsgeld anzusehen. Das Kind muß nicht nur die Nutzungen, sondern auch das Kapital der Abfindung aufbrauchen, bevor es sich an die Mutter halten kann.

§. 1603.[1])

Unterhaltspflichtig ist nicht, wer bei Berücksichtigung seiner sonstigen Verpflichtungen außer Stande ist, ohne Gefährdung seines standesmäßigen Unterhalts[2]) den Unterhalt zu gewähren.

Befinden sich Eltern in dieser Lage, so sind sie ihren minderjährigen unverheiratheten Kindern gegenüber[3]) verpflichtet, alle verfügbaren Mittel zu ihrem und der Kinder Unterhalte gleichmäßig zu verwenden.[4]) Diese Verpflichtung tritt nicht ein, wenn ein anderer unterhaltspflichtiger Verwandter vorhanden ist; sie tritt auch nicht ein gegenüber einem Kinde, dessen Unterhalt aus dem Stamme seines Vermögens bestritten werden kann.

[1]) Vgl. § 1601 Anm. 1.
[2]) § 1610.
[3]) Die Mutter auch gegenüber unehelichen Kindern, insoweit ihre Unterhaltspflicht hier überhaupt eintritt (§ 1602 Anm. 2).
[4]) Und zwar die Mutter gleichmäßig für ihre ehelichen und unehelichen Kinder, insoweit die Kinder nicht den Unterhalt vom Vater erhalten (§§ 1606 Abs. 2, 1705, 1709).

§. 1604.[1])

Soweit die Unterhaltspflicht einer Frau ihren Verwandten gegenüber davon abhängt, daß sie zur Gewährung des Unterhalts im Stande ist,[2]) kommt die dem Manne an dem eingebrachten Gute zustehende Verwaltung und Nutznießung nicht in Betracht.[3])

Besteht allgemeine Gütergemeinschaft, Errungenschaftsgemeinschaft oder Fahrnißgemeinschaft, so bestimmt sich die Unterhaltspflicht des Mannes oder der Frau Verwandten gegenüber so, wie wenn das Gesammtgut dem unterhaltspflichtigen Ehegatten gehörte.[4]) Sind bedürftige Verwandte beider Ehegatten vorhanden, so ist der Unterhalt aus dem Gesammtgute so zu gewähren, wie wenn die Bedürftigen zu beiden Ehegatten in dem Verwandtschaftsverhältnisse ständen, auf dem die Unterhaltspflicht des verpflichteten Ehegatten beruht.[5])

[1]) Vgl. § 1601 Anm. 1.

[2]) § 1603.

[3]) Gilt auch für die Unterhaltspflicht der Mutter gegenüber dem unehelichen Kinde, wenn die Mutter sich verheirathet oder wenn eine verheirathete Frau ein uneheliches Kind erzeugt. Ebenso gilt es für die Unterhaltspflicht einer unehelichen Tochter gegenüber der Mutter, wenn die erstere sich verheirathet.

[4]) Vgl. Anm. 3.

[5]) In diesem Falle muß also der Ehemann das uneheliche Kind seiner Frau so behandeln, wie sein eigenes eheliches (vgl. § 1705) und dementsprechend aus dem Gesammtgut unterhalten.

§. 1605.[1])

Soweit die Unterhaltspflicht eines minderjährigen Kindes seinen Verwandten gegenüber davon abhängt, daß es zur Gewährung des Unterhalts im Stande ist,[2]) kommt die elterliche Nutznießung an dem Vermögen des Kindes nicht in Betracht.[3]).

[1]) Vgl. § 1601 Anm. 1.

[2]) Vgl. § 1603 Abs. 1.

[3]) Wenn also eine minderjährige Frau ein uneheliches Kind hat, so müssen ihre Eltern den Unterhalt des Kindes aus dem Vermögen der Mutter ohne Rücksicht auf die elterliche Nutznießung verabfolgen.

§. 1606.[1])

Die Abkömmlinge sind vor den Verwandten der aufsteigenden Linie unterhaltspflichtig. Die Unterhaltspflicht der Abkömmlinge bestimmt sich nach der gesetzlichen Erbfolgeordnung und dem Verhältnisse der Erbtheile.[2])

Unter den Verwandten der aufsteigenden Linie haften die näheren vor den entfernteren, mehrere gleich nahe[3]) zu gleichen Theilen. Der Vater haftet jedoch vor der Mutter; steht die Nutznießung an dem Vermögen des Kindes der Mutter zu, so haftet die Mutter vor dem Vater.[4])

[1]) Vgl. § 1601 Anm. 1.
[2]) § 1924.
[3]) Vgl. § 1589 Abs. 1 Satz 3.
[4]) Der letzte Satz hat auf das uneheliche Kind keinen Bezug; vgl. § 1601 Anm. 1, § 1709.

§. 1607.[1])

Soweit ein Verwandter auf Grund des §. 1603 nicht unterhaltspflichtig ist, hat der nach ihm haftende Verwandte den Unterhalt zu gewähren.

Das Gleiche gilt, wenn die Rechtsverfolgung gegen einen Verwandten im Inland ausgeschlossen oder erheblich erschwert ist. Der Anspruch gegen einen solchen Verwandten geht, soweit ein anderer Verwandter den Unterhalt gewährt, auf diesen über. Der Uebergang kann nicht zum Nachtheile des Unterhaltsberechtigten geltend gemacht werden.[2])

[1]) Vgl. § 1601 Anm. 1.
[2]) Vgl. § 1709 Anm. 7.

§. 1608.

Der Ehegatte des Bedürftigen haftet vor dessen Verwandten.[1]) Soweit jedoch der Ehegatte bei Berücksichtigung seiner sonstigen Verpflichtungen außer Stande ist, ohne Gefährdung seines standesmäßigen Unterhalts den Unterhalt zu gewähren, haften die Verwandten[2]) vor dem Ehegatten. Die Vorschriften des §. 1607 Abs. 2 finden entsprechende Anwendung.

Das Gleiche gilt von einem geschiedenen unterhaltspflichtigen Ehegatten sowie von einem Ehegatten, der nach §. 1351 unterhaltspflichtig ist.

[1]) Auch vor dem Vater des unehelichen Kindes, falls dieses vor dem sechzehnten Jahre (§ 1303 Abs. 1) oder trotz vorhandener Gebrechlichkeit (§ 1708 Abs. 2) heirathet. Vgl. § 1589 Anm. 4 a. E.

[2]) Auch der außereheliche Vater, s. Anm. 1.

§. 1609.[1])

Sind mehrere Bedürftige vorhanden und ist der Unterhaltspflichtige außer Stande, allen Unterhalt zu gewähren, so gehen unter ihnen die Abkömmlinge den Verwandten der aufsteigenden Linie, unter den Abkömmlingen diejenigen, welche im Falle der gesetzlichen Erbfolge als Erben berufen sein würden,[2]) den übrigen Abkömmlingen, unter den Verwandten der aufsteigenden Linie die näheren[3]) den entfernteren vor.

Der Ehegatte steht den minderjährigen unverheiratheten Kindern gleich;[4]) er geht anderen Kindern und den übrigen Verwandten vor. Ein geschiedener Ehegatte sowie ein Ehegatte, der nach §. 1351 unterhaltsberechtigt ist, geht den volljährigen oder verheiratheten Kindern und den übrigen Verwandten vor.

[1]) Vgl. § 1601 Anm. 1.
[2]) § 1924.
[3]) § 1589 Abs. 1 Satz 3.
[4]) § 1603 Abs. 2.

§. 1610.[1])

Das Maß des zu gewährenden Unterhalts bestimmt sich nach der Lebensstellung des Bedürftigen (standesmäßiger Unterhalt).

Der Unterhalt umfaßt den gesammten Lebensbedarf, bei einer der Erziehung bedürftigen Person auch die Kosten der Erziehung und der Vorbildung zu einem Berufe.[2])

[1]) Vgl. § 1601 Anm. 1.
[2]) Vgl. § 1708 Anm. 7 u. 8.

§. 1611.[1])

Wer durch sein sittliches Verschulden bedürftig geworden ist, kann nur den nothdürftigen Unterhalt verlangen.

Der gleichen Beschränkung unterliegt der Unterhaltsanspruch der Abkömmlinge, der Eltern und des Ehegatten, wenn sie sich einer Verfehlung schuldig machen, die den Unterhaltspflichtigen berechtigt, ihnen den Pflichttheil zu entziehen, sowie der Unterhaltsanspruch der Großeltern und der weiteren Voreltern, wenn ihnen gegenüber die Voraussetzungen vorliegen, unter denen Kinder berechtigt sind, ihren Eltern den Pflichttheil zu entziehen.[2])

Der Bedürftige kann wegen einer nach diesen Vorschriften eintretenden Beschränkung seines Anspruchs nicht andere Unterhaltspflichtige in Anspruch nehmen.

[1]) Vgl. § 1601 Anm. 1.
[2]) Vgl. §§ 2333—2335.

§. 1612.[1])

Der Unterhalt ist durch Entrichtung einer Geldrente zu gewähren. Der Verpflichtete kann verlangen, daß ihm die Gewährung des Unterhalts in anderer Art gestattet wird, wenn besondere Gründe es rechtfertigen.

Haben Eltern einem unverheiratheten Kinde Unterhalt zu gewähren, so können sie bestimmen,[2]) in welcher Art und für welche Zeit im voraus der Unterhalt gewährt werden soll. Aus besonderen Gründen kann das Vormundschaftsgericht auf Antrag des Kindes die Bestimmung der Eltern ändern.

Im Uebrigen finden die Vorschriften des §. 760 Anwendung.[3])

[1]) Vgl. § 1601 Anm. 1.
[2]) Auch die Mutter gegenüber dem unehelichen Kinde.
[3]) Die Vorschrift lautet:

§. 760. Die Leibrente ist im voraus zu entrichten.

Eine Geldrente ist für drei Monate vorauszuzahlen; bei einer anderen Rente bestimmt sich der Zeitabschnitt, für den sie im voraus zu entrichten ist, nach der Beschaffenheit und dem Zwecke der Rente.

Hat der Gläubiger den Beginn des Zeitabschnitts erlebt, für den die Rente im voraus zu entrichten ist, so gebührt ihm der volle auf den Zeitabschnitt entfallende Betrag.

§. 1613.[1])

Für die Vergangenheit kann der Berechtigte Erfüllung oder Schadensersatz wegen Nichterfüllung nur von der Zeit an fordern, zu welcher der Verpflichtete in Verzug gekommen[2]) oder der Unterhaltsanspruch rechtshängig geworden ist.[3])

[1]) Vgl. § 1601 Anm. 1.
[2]) §§ 284, 285.
[3]) C.P.O. §§ 263, 281, 693.

§. 1614.[1])

Für die Zukunft kann auf den Unterhalt nicht verzichtet werden.

Durch eine Vorausleistung wird der Verpflichtete bei erneuter Bedürftigkeit des Berechtigten nur für den im §. 760 Abs. 2[2]) bestimmten Zeitabschnitt oder, wenn er selbst den Zeitabschnitt zu bestimmen hatte, für einen den Umständen nach angemessenen Zeitabschnitt befreit.[3])

[1]) Vgl. § 1601 Anm. 1.
[2]) Vgl. § 1612 Anm. 3.
[3]) Vgl. § 1710 Anm. 6 u. 7.

§. 1615.[1])

Der Unterhaltsanspruch erlischt mit dem Tode des Berechtigten oder des Verpflichteten, soweit er nicht auf Erfüllung oder Schadensersatz wegen Nichterfüllung für die Vergangenheit[2]) oder auf solche im voraus zu bewirkende Leistungen gerichtet ist, die zur Zeit des Todes des Berechtigten oder des Verpflichteten fällig sind.[3])

Im Falle des Todes des Berechtigten hat der Verpflichtete die Kosten der Beerdigung zu tragen, soweit ihre Bezahlung nicht von dem Erben zu erlangen ist.[4])

[1]) Vgl. § 1601 Anm. 1.
[2]) § 1613.
[3]) § 1612 Abs. 3 mit § 760 Abs. 3.
[4]) Vgl. § 1713 Anm. 5.

Vierter Titel. Rechtliche Stellung der ehelichen Kinder.

I. Rechtsverhältniß zwischen den Eltern und dem Kinde im Allgemeinen.[1])

§. 1616.

Das Kind erhält den Familiennamen des Vaters.[2])

[1]) Die Vorschriften dieses Unterabschnitts finden auf das Verhältniß zwischen dem unehelichen Kinde und seiner Mutter gleichfalls Anwendung; vgl. § 1705 Anm. 6, § 1707 Anm. 4. Auf den außerehelichen Vater haben sie keinen Bezug § 1589 Anm. 3.

[2]) Auf das uneheliche Kind nicht anwendbar; s. Anm. 1 u. § 1706 Abs. 1.

§. 1617.[1])

Das Kind ist, so lange es dem elterlichen Hausstand angehört und von den Eltern erzogen oder unterhalten wird,[2]) verpflichtet, in einer seinen Kräften und seiner Lebensstellung entsprechenden Weise den Eltern[3]) in ihrem Hauswesen und Geschäfte Dienste zu leisten.[4])

[1]) Vgl. § 1616 Anm. 1.

[2]) Das uneheliche Kind, so lange es dem Hausstand der Mutter angehört und von der letzteren erzogen oder unterhalten wird. Dies gilt auch dann, wenn die Mutter minderjährig ist (vgl. § 1707 Anm. 10) und auch dann, wenn sie selbst im Hausstand ihrer Eltern lebt und dem § 1617 unterworfen ist.

[3]) Das uneheliche Kind nur der Mutter (§ 1616 Anm. 1). Werden Mutter und Kind von den Großeltern in deren Hausstand unterhalten (s. Anm. 2), so ist das Kind gleichwohl nur der Mutter und nicht den Großeltern zu Diensten verpflichtet Ist es bereits der Erziehung entwachsen, so ist es in solchem Falle Niemandem verpflichtet; der Mutter nicht, weil es von ihr nicht unterhalten wird, den Großeltern nicht, weil § 1617 auf diese keine Anwendung findet.

[4]) Der Erwerb aus solchen Diensten fließt der Mutter zu, obwohl sie die elterliche Gewalt nicht hat (§ 1707); denn § 1617 ist kein Ausfluß der elterlichen Gewalt.

§. 1618.[1])

Macht ein dem elterlichen Hausstand[2]) angehörendes volljähriges Kind zur Bestreitung der Kosten des Haushalts aus seinem Vermögen eine Aufwendung oder überläßt es den Eltern[3])

zu diesem Zwecke etwas aus seinem Vermögen, so ist im Zweifel anzunehmen, daß die Absicht fehlt, Ersatz zu verlangen.

¹) Vgl. § 1616 Anm. 1.

²) Hier: dem mütterlichen Hausstand, auch wenn er zugleich der Hausstand der Großeltern ist; vgl. § 1617 Anm. 2.

³) Hier: der Mutter; auf die Großeltern im Falle der Anm. 2 nicht anwendbar; vgl. § 1617 Anm. 3.

§. 1619.

Ueberläßt ein dem elterlichen Hausstand angehörendes volljähriges Kind sein Vermögen ganz oder theilweise der Verwaltung des Vaters,¹) so kann der Vater die Einkünfte, die er während seiner Verwaltung bezieht, nach freiem Ermessen verwenden, soweit nicht ihre Verwendung zur Bestreitung der Kosten der ordnungsmäßigen Verwaltung und zur Erfüllung solcher Verpflichtungen des Kindes erforderlich ist, die bei ordnungsmäßiger Verwaltung aus den Einkünften des Vermögens bestritten werden. Das Kind kann eine abweichende Bestimmung treffen.

Das gleiche Recht steht der Mutter²) zu, wenn das Kind ihr die Verwaltung seines Vermögens überläßt.

¹) Auf den außerehelichen Vater nicht anwendbar, selbst wenn er das Kind bei sich unterhält; § 1616 Anm. 1.

²) Auch der unehelichen; § 1616 Anm. 1.

§. 1620.

Der Vater[1]) ist verpflichtet, einer Tochter im Falle ihrer Verheirathung zur Einrichtung des Haushalts eine angemessene Aussteuer zu gewähren, soweit er bei Berücksichtigung seiner sonstigen Verpflichtungen ohne Gefährdung seines standesmäßigen Unterhalts dazu im Stande ist und nicht die Tochter ein zur Beschaffung der Aussteuer ausreichendes Vermögen hat. Die gleiche Verpflichtung trifft die Mutter, wenn der Vater zur Gewährung der Aussteuer außer Stande oder wenn er gestorben ist.[2])

Die Vorschriften des §. 1604 und des §. 1607 Abs. 2[3]) finden entsprechende Anwendung.

[1]) Auf den außerehelichen Vater nicht anwendbar; § 1616 Anm. 1.

[2]) Dem steht gleich, wenn er rechtlich als gar nicht vorhanden gilt, wie beim unehelichen Kinde; vgl. § 1589 Anm. 3 und § 1705 Anm. 6.

[3]) s. oben S. 35, 37. Aus § 1604 folgt, daß, wenn die Mutter sich verheirathet, beim gesetzlichen Güterstand die Aussteuer auch für die uneheliche Tochter so zu entrichten ist, als ob die Mutter unverheirathet wäre. Bei Gütergemeinschaft hat die uneheliche Tochter Anspruch auf Aussteuer aus dem Gesammtgut.

§ 1607 Abs. 2 hat auf die uneheliche Tochter keinen Bezug, weil die Aussteuerpflicht der Mutter eine prinzipale ist; s. Anm. 2.

§. 1621.[1])

Der Vater und die Mutter können die Aussteuer verweigern, wenn sich die Tochter ohne die erforderliche elterliche Einwilligung[2]) verheirathet.

Das Gleiche gilt, wenn sich die Tochter einer Verfehlung schuldig gemacht hat, die den Verpflichteten berechtigt, ihr den Pflichttheil zu entziehen.[3])

1) Vgl. § 1616 Anm. 1.
2) §§ 1305, 1308.
3) § 2333.

§. 1622.[1])

Die Tochter kann eine Aussteuer nicht verlangen, wenn sie für eine frühere Ehe von dem Vater oder der Mutter eine Aussteuer erhalten hat.

1) Vgl. § 1616 Anm. 1.

§. 1623.[1])

Der Anspruch auf die Aussteuer ist nicht übertragbar. Er verjährt in einem Jahre von der Eingehung der Ehe an.[2])

1) Vgl. § 1616 Anm. 1.
2) Vgl. aber § 204 (oben S. 8.).

§. 1624.

Was einem Kinde mit Rücksicht auf seine Verheirathung oder auf die Erlangung einer selbständigen Lebensstellung zur Begründung oder zur Erhaltung der Wirthschaft oder der Lebensstellung von dem Vater oder der Mutter[1]) zugewendet wird (Ausstattung),[2]) gilt, auch wenn eine Verpflichtung nicht besteht, nur insoweit als Schenkung, als die Ausstattung das den Umständen, insbesondere den Vermögensverhältnissen des Vaters oder der Mutter entsprechende Maß übersteigt.

Die Verpflichtung des Ausstattenden zur Gewährleistung wegen eines Mangels im Rechte oder wegen eines Fehlers der Sache bestimmt sich, auch soweit die Ausstattung nicht als Schenkung gilt, nach den für die Gewährleistungspflicht des Schenkers geltenden Vorschriften.[3])

[1]) Vgl § 1616 Anm. 1.
[2]) Weiterer Begriff als „Aussteuer" (§ 1620).
[3]) §§ 523, 524.

§. 1625.

Gewährt der Vater einem Kinde, dessen Vermögen seiner elterlichen oder vormundschaftlichen Verwaltung unterliegt, eine Ausstattung, so ist im Zweifel anzunehmen, daß er sie aus diesem Vermögen gewährt. Diese Vorschrift findet auf die Mutter entsprechende Anwendung.[1])

[1]) Auf die uneheliche Mutter anwendbar, wenn sie zum Vormund bestellt ist; vgl. § 1616 Anm. 1, § 1707 Anm. 3.

II. Elterliche Gewalt.

— — — — — — — — — — — —

1. Elterliche Gewalt des Vaters.

§§. 1627, 1628 — — —[1])

[1]) Insoweit die elterliche Gewalt die thatsächliche Sorge für die Person betrifft, finden die Vorschriften über dieselbe auch auf das Recht und die Pflicht der unehelichen Mutter, für die Person des Kindes zu sorgen, Anwendung; vgl. § 1707 Anm. 4 u. § 1686.

§. 1629.

Steht die Sorge für die Person oder die Sorge für das Vermögen des Kindes einem Pfleger zu,[1]) so entscheidet bei einer Meinungsverschiedenheit zwischen dem Vater und dem Pfleger[2]) über die Vornahme einer sowohl die Person als das Vermögen des Kindes betreffenden Handlung[3]) das Vormundschaftsgericht.[4])

[1]) Dem entspricht beim unehelichen Kinde der regelmäßige Fall, daß die Sorge für die Person der Mutter, die für das Vermögen dem Vormund zusteht; vgl. § 1705 mit Anm. 3 u. 4.

[2]) Beim unehelichen Kinde: zwischen der Mutter und dem Vormund.

[3]) z. B. bei der Berufswahl, wenn ein Lehrgeld aus dem Vermögen des Mündels gezahlt werden soll; vgl. § 1631 Anm. 2.

[4]) Gegen die Entscheidung steht der Mutter, dem Vormund und dem über 14 Jahre alten Kinde die Beschwerde zu; F.G.G. §§. 20, 58 Abs. 2, 59.

§. 1631.[1])

Die Sorge für die Person des Kindes umfaßt das Recht und die Pflicht, das Kind zu erziehen,[2]) zu beaufsichtigen[3]) und seinen Aufenthalt zu bestimmen.[4])

Der Vater[5]) kann kraft des Erziehungsrechts angemessene Zuchtmittel gegen das Kind anwenden. Auf seinen Antrag hat das Vormundschaftsgericht ihn[6]) durch Anwendung geeigneter Zuchtmittel zu unterstützen.

¹) Alle Rechte der §§ 1631, 1632 stehen auch der unehelichen Mutter zu; vgl. § 1627 Anm. 1, § 1707 Anm. 4 und § 1686.

²) Zur Erziehung gehört auch die Berufswahl. Sie steht ausschließlich der Mutter, nicht dem Vormund zu, wenn sie keine besonderen Vermögensaufwendungen erfordert oder wenn die Mutter die Aufwendungen selbst tragen will. Soll Vermögen des Mündels dazu verwendet werden, dann hat der Vormund ein Mitentscheidungsrecht. Bei Meinungsverschiedenheiten gilt § 1629.

Soll das Kind in die Lehre gegeben werden, so kann dies die Mutter selbstständig thun, wenn sie den Lehrvertrag lediglich auf ihren Namen und ohne verpflichtende Wirkung für das Kind abschließt. Soll aber das Kind aus dem Vertrage berechtigt und verpflichtet werden (vgl. insbesondere auch Gewerbeordnung §§ 130 ff., H.G.B. §§ 78 ff.), dann muß der Vertrag als Akt der Vertretung des Kindes durch den Vormund geschlossen werden (§ 1705 Satz 2). Der Vormund darf indessen seine Mitwirkung nicht deshalb verweigern, weil er über die Berufswahl anderer Ansicht ist, als die Mutter.

³) Die Mutter und nicht den Vormund trifft deshalb auch die Ersatzpflicht aus § 832 Abs. 1 des B.G.B.:

> „Wer kraft Gesetzes zur Führung der Aufsicht über eine Person verpflichtet ist, die wegen Minderjährigkeit oder wegen ihres geistigen oder körperlichen Zustandes der Beaufsichtigung bedarf, ist zum Ersatze des Schadens verpflichtet, den diese Person einem Dritten widerrechtlich zufügt. Die Ersatzpflicht tritt nicht ein, wenn er seiner Aufsichtspflicht genügt oder wenn der Schaden auch bei gehöriger Aufsichtsführung entstanden sein würde.“

Ueber das Verhältniß der Vorschrift zur Ersatzpflicht des Kindes selbst vgl. § 840 Abs. 2.

[4]) Zur Sorge für die Person gehört auch die Impfung. Die Verpflichtungen des Impfgesetzes vom 13. April 1874 §§ 12, 14 treffen die Mutter, nicht den Vormund.

Wegen Beilegung des Vornamens s. § 1706 Anm. 3, wegen Volljährigkeitserklärung § 1847 Anm. 2, wegen Eheschließung § 1305.

[5]) Ebenso die uneheliche Mutter.

[6]) Ebenso die uneheliche Mutter auf deren Antrag.

§. 1632.

Die Sorge für die Person des Kindes umfaßt[1]) das Recht, die Herausgabe des Kindes von Jedem zu verlangen, der es dem Vater[2]) widerrechtlich vorenthält.

[1]) Auch für die uneheliche Mutter; § 1631 Anm. 1.

[2]) Hier: Der unehelichen Mutter.

§. 1633.

Ist eine Tochter verheirathet, so beschränkt sich die Sorge für ihre Person auf die Vertretung in den die Person betreffenden Angelegenheiten.[1])

[1]) Diese Vertretung steht der unehelichen Mutter nicht zu (§ 1707 Satz 2). Für sie beendet also die Verheirathung einer Tochter die Sorge für die Person überhaupt. Wird die Ehe während der Minderjährigkeit aufgelöst, so tritt die mütterliche Fürsorge wieder ein.

§. 1648.

Macht der Vater bei der Sorge für die Person oder das Vermögen des Kindes Aufwendungen,[1]) die er den Umständen nach für erforderlich halten darf, so kann er von dem Kinde Ersatz verlangen, sofern nicht die Aufwendungen ihm selbst zur Last fallen.

[1]) Ebenso die uneheliche Mutter bei der Sorge für die Person; § 1627 Anm. 1.

§. 1664.

Der Vater hat bei der Ausübung der elterlichen Gewalt[1]) dem Kinde gegenüber nur für diejenige Sorgfalt einzustehen, welche er in eigenen Angelegenheiten anzuwenden pflegt.

[1]) Vgl. § 1648 Anm. 1.

§. 1665.

Ist der Vater verhindert, die elterliche Gewalt auszuüben, so hat das Vormundschaftsgericht, sofern nicht die elterliche Gewalt nach §. 1685 von der Mutter ausgeübt wird, die im Interesse des Kindes erforderlichen Maßregeln zu treffen.[1])

[1]) Ist die uneheliche Mutter verhindert, die Sorge für die Person auszuüben, so tritt regelmäßig der Vormund ein; § 1707 Anm. 7. Für schleunige Fälle ist indessen auch hier § 1665 anwendbar; vgl. § 1627 Anm. 1.

§. 1666

Wird das geistige oder leibliche Wohl des Kindes dadurch gefährdet, daß der Vater[1]) das Recht der Sorge für die Person des Kindes mißbraucht, das Kind vernachlässigt oder sich eines ehrlosen oder unsittlichen Verhaltens schuldig macht, so hat das Vormundschaftsgericht die zur Abwen=

4*

dung der Gefahr erforderlichen Maßregeln zu treffen.[2]) Das Vormundschaftsgericht kann insbesondere anordnen, daß das Kind zum Zwecke der Erziehung in einer geeigneten Familie oder in einer Erziehungsanstalt oder einer Besserungsanstalt untergebracht wird.[3])

Hat der Vater das Recht des Kindes auf Gewährung des Unterhalts verletzt und ist für die Zukunft eine erhebliche Gefährdung des Unterhalts zu besorgen, so kann dem Vater auch die Vermögensverwaltung sowie die Nutznießung entzogen werden.[4])

[1]) Oder die uneheliche Mutter; § 1627 Anm. 1.

[2]) Der Vormund hat in solchem Falle dem Gericht Anzeige zu machen; § 1707 Satz 3 mit § 1689. — Ueber das Beschwerderecht gegen die Anordnung oder Ablehnung s. F.G.G. § 57 Nr. 8 u. 9.

[3]) Vgl. hierzu § 1838 Satz 2.

[4]) Beide stehen der unehelichen Mutter nicht zu; Abs. 2 hat deshalb auf die letztere keinen Bezug.

§. 1671.

Das Vormundschaftsgericht kann während der Dauer der elterlichen Gewalt[1]) die von ihm getroffenen Anordnungen jederzeit ändern,[2]) insbesondere die Erhöhung, Minderung oder Aufhebung der geleisteten Sicherheit anordnen.[3])

[1]) Hier: während der Dauer des Rechtes der Mutter, für die Person des Kindes zu sorgen.

[2]) Beschwerderecht s. F.G.G. § 57 Nr. 8 u. 9.

3) Die Vorschriften über die Sicherheitsleistung haben auf das uneheliche Kind keinen Bezug.

§. 1673.

Das Vormundschaftsgericht soll vor einer Entscheidung, durch welche die Sorge für die Person oder das Vermögen des Kindes oder die Nutznießung[1]) dem Vater[2]) entzogen oder beschränkt wird,[3]) den Vater[4]) hören, es sei denn, daß die Anhörung unthunlich ist.

Vor der Entscheidung sollen auch Verwandte, insbesondere die Mutter,[5]) oder Verschwägerte des Kindes[6]) gehört werden, wenn es ohne erhebliche Verzögerung und ohne unverhältnißmäßige Kosten geschehen kann. Für den Ersatz der Auslagen gilt die Vorschrift des §. 1847 Abs. 2.

1) Beim unehelichen Kinde kommt nur die Sorge für die Person in Frage; § 1707.

2) Oder der unehelichen Mutter; § 1627 Anm. 1.

3) Nach § 1665, 1666; vgl. auch § 1727 Anm. 3 a. E.

4) Hier: die uneheliche Mutter.

5) Richtet sich das Verfahren gegen die Mutter selbst (s. Anm. 4), so fällt deren Anhörung unter Abs. 1. Verwandte oder Verschwägerte sind noch außerdem zu hören.

6) Ueber den Begriff der Verwandten und Verschwägerten des unehelichen Kindes s. § 1589 Anm. 5 u. § 1590 Anm. 1 ff.

§. 1674.

Verletzt der Vormundschaftsrichter vorsätzlich oder fahrlässig die ihm obliegenden Pflichten, so ist er dem Kinde nach §. 839 Abs. 1, 3 verantwortlich.

§. 1675.

Der Gemeindewaisenrath hat dem Vormundschaftsgericht Anzeige zu machen, wenn ein Fall zu seiner Kenntniß gelangt, in welchem das Vormundschaftsgericht zum Einschreiten berufen ist.[1])

[1]) Nach §§ 1665, 1666. Diese Verpflichtung besteht auch beim unehelichen Kinde betreffs des Einschreitens gegen seine Mutter. Außerdem besteht die Anzeigepflicht des Vormundes nach § 1689 mit § 1707 Satz 3.

§. 1676.

Die elterliche Gewalt des Vaters ruht,[1]) wenn er geschäftsunfähig ist.

Das Gleiche gilt, wenn der Vater in der Geschäftsfähigkeit beschränkt ist[2]) oder wenn er nach §. 1910 Abs. 1[3]) einen Pfleger für seine Person und sein Vermögen erhalten hat. Die Sorge für die Person des Kindes steht ihm neben dem gesetzlichen Vertreter des Kindes[4]) zu; zur Vertretung des Kindes ist er nicht berechtigt. Bei einer Meinungsverschiedenheit zwischen dem Vater und dem gesetzlichen Vertreter geht die Meinung des gesetzlichen Vertreters vor.

[1]) Ebenso das Recht und die Pflicht der unehelichen Mutter, für die Person des Kindes zu sorgen; vgl. § 1627 Anm. 1.

[2]) Ebenso für die uneheliche Mutter (s. Anm. 1), aber nur, wenn die Beschränkung der Geschäftsfähigkeit auf Entmündigung oder vorläufiger Vormundschaft beruht (§ 114). Für Minderjährigkeit der Mutter gilt § 1696.

[3]) d. i. wegen Gebrechlichkeit.

[4]) Hier: der unehelichen Mutter neben dem Vormund; vgl. § 1707 Anm. 4.

§. 1679.

Die elterliche Gewalt des Vaters[1]) endigt, wenn er für todt erklärt wird, mit dem Zeitpunkte, der als Zeitpunkt des Todes gilt.

Lebt der Vater noch, so erlangt er die elterliche Gewalt[2]) dadurch wieder, daß er dem Vormundschaftsgerichte gegenüber seinen hierauf gerichteten Willen erklärt.

[1]) Vgl. § 1676 Anm. 1.
[2]) Ebenso die uneheliche Mutter die Rechte des § 1707.

§. 1680.

Der Vater verwirkt die elterliche Gewalt,[1]) wenn er wegen eines an dem Kinde verübten Verbrechens oder vorsätzlich verübten Vergehens zu Zuchthausstrafe oder zu einer Gefängnißstrafe von mindestens sechs Monaten verurtheilt wird. Wird wegen des Zusammentreffens mit einer anderen strafbaren Handlung auf eine Gesammtstrafe erkannt,[2]) so entscheidet die Einzelstrafe, welche für das an dem Kinde verübte Verbrechen oder Vergehen verwirkt ist.

Die Verwirkung der elterlichen Gewalt tritt mit der Rechtskraft des Urtheils ein.

[1]) Vgl. § 1679 Anm. 2. Die übrigen mütterlichen Rechte (§§ 1305, 1601, 1617, 1726, 1747) werden nicht verwirkt.
[2]) R.St.G.B. § 74.

2. Elterliche Gewalt der Mutter.

— — — — — — — — — — — —

§. 1686.

Auf die elterliche Gewalt der Mutter[1]) finden die für die elterliche Gewalt des Vaters geltenden Vorschriften Anwendung, soweit sich nicht aus den §§. 1687 bis 1697 ein Anderes ergiebt.

[1]) Auch auf diejenigen, sonst in der elterlichen Gewalt enthaltenen Rechte, welche der unehelichen Mutter zustehen; vgl. § 1627 Anm. 1.

§. 1689.

Der Beistand[1]) hat innerhalb seines Wirkungskreises[2]) die Mutter bei der Ausübung der elterlichen Gewalt[3]) zu unterstützen und zu überwachen; er hat dem Vormundschaftsgerichte jeden Fall, in welchem es zum Einschreiten berufen ist,[4]) unverzüglich anzuzeigen.[5]) [6])

[1]) Beim unehelichen Kinde hat der Vormund in Ansehung der thatsächlichen Sorge für die Person nur die Stellung eines Beistandes; § 1707 Satz 3. Seine Rechte und Pflichten bestimmen sich deshalb nach §§ 1689 ff.

[2]) Hier: innerhalb der nach § 1707 der Mutter zustehenden Rechte

[3]) Hier: bei der Ausübung der Sorge für die Person.

[4]) §§ 1665, 1666.

[5]) Weitere Rechte hat der Vormund des unehelichen Kindes nicht, insbesondere kein Züchtigungsrecht gegen das Kind. Er kann auch der Mutter keine bindenden Anweisungen geben. Auch das Vormundschaftsgericht kann letzteres nicht, wenn nicht die Voraussetzungen des § 1629 oder des § 1666 vorliegen.

[6]) § 1690 schreibt vor, zu welchem Rechtsgeschäften die Genehmigung des Beistandes erforderlich ist. Diese Vorschrift hat auf das uneheliche Kind keinen Bezug, da die Mutter Rechtsgeschäfte für das Kind überhaupt nicht abschließen kann (§ 1707 Satz 2). Bei denjenigen Akten, welche der Mutter zustehen, bedarf diese in keinem Falle der Genehmigung des Vormundes; vgl. aber § 1629 Anm. 3 u. § 1631 Anm. 2.

§. 1694.

Für die Berufung, Bestellung[1]) und Beaufsichtigung des Beistandes, für seine Haftung und seine Ansprüche, für die ihm zu bewilligende Vergütung und für die Beendigung seines Amtes[2]) gelten die gleichen Vorschriften wie bei dem Gegenvormunde[3])

Das Amt des Beistandes endigt auch dann, wenn die elterliche Gewalt der Mutter ruht.[4])

[1]) Berufung und Bestellung kommt hier nicht in Frage, da der bestellte Vormund die Obliegenheiten des Beistandes wahrnimmt (vgl. aber § 1793 Anm. 1 zu a). Das Gleiche gilt von der Beendigung des Amtes.

[2]) Vgl. Anm. 1

[3]) Nicht wie beim Vormund; § 1833 Anm. 3. u. 6, § 1836 Anm 1 u 2. Vgl.

a) wegen der Beaufsichtigung §§ 1837 ff. Die Vorschriften wegen der Ueberwachung durch den Gemeindewaisenrath (§ 1850) finden keine Anwendung; hier gilt lediglich § 1675;

b) wegen der Haftung § 1833;

c) wegen der Vergütung §§ 1835, 1836.

Abgesehen von diesen Bestimmungen gelangt der Unterabschnitt II des Vormundschaftsrechts („Führung der Vormundschaft" §§ 1793—1836) für die Thätigkeit, welche der Vormund des unehelichen Kindes neben der Mutter in Ansehung der thatsächlichen Sorge für die Person zu üben hat, nicht zur Anwendung. Hier gilt vielmehr lediglich § 1689.

[4]) Abs. 2 hat auf das uneheliche Kind keinen Bezug; § 1707.

§. 1696.

Ruht die elterliche Gewalt der Mutter wegen Minderjährigkeit, so hat die Mutter das Recht und die Pflicht, für die Person des Kindes zu sorgen; zur Vertretung des Kindes ist sie nicht berechtigt. Der Vormund des Kindes hat, soweit der Mutter die Sorge zusteht, die rechtliche Stellung eines Beistandes.[1])

[1]) Die uneheliche Mutter hat stets nur die Rechte des § 1696 (vgl. § 1707). Diese übt sie also auch während der Minderjährigkeit; vgl. § 1627 Anm. 1.

§. 1697.

Die Mutter verliert die elterliche Gewalt, wenn sie eine neue Ehe eingeht. Sie behält jedoch unter den im §. 1696 bestimmten Beschränkungen das Recht und die Pflicht, für die Person des Kindes zu sorgen.[1])

[1]) Die Rechte der unehelichen Mutter werden sonach durch eine Heirath nicht verändert; vgl. § 1696 Anm. 1.

Fünfter Titel. **Rechtliche Stellung der Kinder aus nichtigen Ehen.**

§. 1699.

Ein Kind aus einer nichtigen Ehe,[1]) das im Falle der Gültigkeit der Ehe ehelich sein würde,[2]) gilt als ehelich, sofern nicht beide Ehegatten die Nichtigkeit der Ehe bei der Eheschließung gekannt haben.[3])

Diese Vorschrift findet keine Anwendung, wenn die Nichtigkeit der Ehe auf einem Formmangel beruht[4]) und die Ehe nicht in das Heirathsregister eingetragen worden ist.[5])

[1]) B.G.B. §§ 1323 ff., 1330 ff., 1343.

[2]) Nach den Grundsätzen der §§ 1591 ff.

[3]) Haben beide Ehegatten die Nichtigkeit gekannt, dann ist das Kind unehelich und unterliegt den §§ 1705 ff.; vgl. aber § 1703. Die Unehelichkeit kann indessen regelmäßig erst geltend gemacht werden, wenn die Ehe für nichtig erklärt oder aufgelöst ist; §§ 1329, 1343.

[4]) B.G.B. §§ 1317, 1319.

[5]) Liegen die Voraussetzungen des Abs. 2 vor, dann ist das Kind unehelich, auch wenn keiner der Ehegatten die Nichtigkeit gekannt hatte. Auf das Kind finden die §§ 1705 ff. uneingeschränkt Anwendung; § 1703 ist unanwendbar. Die Unehelichkeit kann in diesem Falle auch ohne Nichtigkeitserklärung der Ehe geltend gemacht werden; § 1329.

§§. 1700—1702 — — —[1])

[1]) Die Vorschriften beziehen sich auf diejenigen Kinder, welche nach § 1699 als ehelich gelten und kommen hier deshalb nicht in Frage.

§. 1703.

Gilt das Kind nicht als ehelich,[1]) weil beiden Ehegatten die Nichtigkeit der Ehe bei der Eheschließung bekannt war,[2]) so kann[3]) es gleichwohl

von dem Vater,[4]) solange er lebt,[5]) Unterhalt wie ein eheliches Kind verlangen. Das im §. 1612 Abs. 2 bestimmte Recht steht dem Vater nicht zu.[6])

[1]) § 1699. In diesem Falle unterliegt das Kind durchweg dem Rechte der unehelichen Kinder (§§ 1705 ff., 1719 ff.), nur daß es die im § 1703 bemerkte Besserstellung betreffs des Unterhalts genießt. Auch die Mutter hat gegen den Vater die Ansprüche aus § 1715.

[2]) § 1699 Abs. 1. Beruht die Unehelichkeit auf § 1699 Abs. 2, so tritt die Besserstellung des Kindes nach § 1703 nicht ein.

[3]) „Kann" aber muß nicht. Es kann auch den Unterhaltsanspruch der unehelichen Kinder wählen, wenn dieser ihm günstiger ist; vgl. namentlich § 1708 Anm. 1 u. 3.

[4]) d. h. von dem Manne der Mutter, falls er nach § 1717 der Vater des Kindes ist. Auf die Feststellung der Vaterschaft finden die für uneheliche Kinder geltenden Grundsätze Anwendung.

[5]) Nach dem Tode tritt diese Vergünstigung des § 1703 nicht ein.

[6]) Der Unterhalt ist also stets durch Entrichtung einer Geldrente zu gewähren.

§. 1704.

Ist die Ehe wegen Drohung anfechtbar und angefochten,[1]) so steht der anfechtungsberechtigte Ehegatte einem Ehegatten gleich, dem die Nichtigkeit der Ehe bei der Eheschließung unbekannt war.[2])

[1]) §§ 1335, 1341 ff.

[2]) Das Kind aus einer solchen Ehe ist also stets ein eheliches; § 1699.

Sechster Titel. Rechtliche Stellung der unehelichen Kinder.[1] [2]

§. 1705.

Das uneheliche Kind[3] hat im Verhältnisse zu der Mutter[4] und zu den Verwandten[5] der Mutter die rechtliche Stellung eines ehelichen Kindes.[6] [7]

[1] Auf die unehelichen Kinder von Fürstinnen und Prinzessinnen der landesherrlichen Häuser und von Frauen aus den vormals reichsständischen und diesen gleichgestellten Familien finden die Vorschriften über die Stellung der unehelichen Kinder nur insoweit Anwendung, als nicht die Landesgesetze und die zulässigen Hausverfassungen ein Anderes bestimmen; E.G. z. B.G.B. Art. 57, 58.

Auch in den anderen Materien, in welchen die Landesgesetzgebung von dem B.G.B. unberührt bleibt (E.G. z. B.G.B. Art. 56 ff.) hat sie die Befugniß, Abweichungen von den §§ 1705—1740, namentlich Zurücksetzungen des unehelichen Kindes auch in der mütterlichen Familie anzuordnen. Beispiele: die preußischen Höferechtsgesetze v. 2. Juni 1874 (G.S. S. 186) § 14 Abs. 2 u. v. 21. Februar 1881 G.S. S. 19) § 13 Abs. 2, die preußischen Landgüterordnungen v. 10. Juli 1883 (G.S. S. 111) u. v. 24. April 1884 (G.S. S. 121) § 11 Abs. 2, v. 2. April 1886 (G.S. S. 117) § 12 Abs. 2 u. die preuß. Anerbengesetze v. 8. Juni 1896 (G.S. S. 124) § 11 Abs. 1 u. 2 u. v. 2. Juli 1898 (G.S. S. 139) § 14 Abs. 2.

[2] Die Vorschriften des sechsten und siebenten Titels regeln die Rechte aller unehelichen Kinder gleichmäßig. Die im Ehebruch oder in Blutschande erzeugten Kinder (adulterini und incestuosi) haben keine schlechtere, die Brautkinder keine bessere Stellung. Vgl. indessen §§ 1703 u. 1732.

[3] Vgl. § 1591 Anm. 1. Unehelich ist demnach ein Kind:

a) wenn es von einer unverheiratheten Frau geboren ist, ausgenommen jedoch das Kind einer Wittwe oder einer Geschiedenen, wenn es innerhalb 302 Tagen nach Auflösung der Ehe geboren ist (§§ 1591 ff.). Ueber den besonderen Fall, daß auch ein später geborenes Kind nicht als unehelich zu erachten ist vgl. § 1593 Anm. 3 zu D;

b) wenn es zwar in der Ehe oder binnen 302 Tagen nach deren Auflösung geboren, aber nicht vom Manne erzeugt ist, in diesem Falle jedoch nur, wenn der Mann die Ehelichkeit angefochten hat oder vor Ablauf der Anfechtungsfrist gestorben ist (§§ 1593 ff.);

c) wenn es aus einer nichtigen Ehe stammt und nicht etwa nach §§ 1699, 1704 dennoch als ehelich gilt; vgl. insbesondere § 1699 Anm. 3 und 5.

Auch die unehelichen Kinder zu b u. c unterstehen diesem Titel; die Kinder zu c genießen indessen betreffs des Unterhaltsanspruchs eine Besserstellung (§ 1703).

[4]) Ueber das Verhältniß zum Vater s. § 1589 Abs. 2 u. §§ 1708 ff.

[5]) Vgl. § 1589 Abs. 1. Das uneheliche Kind tritt vollständig in die Familie der Mutter ein, namentlich auch hinsichtlich des Erbrechts; vgl. auch Anm. 2. Zu anderen (ehelichen oder unehelichen) Kindern seiner Mutter tritt es in das Verhältniß von Geschwistern, aber stets nur von Halbgeschwistern von Mutters Seite, auch wenn mehrere uneheliche Kinder denselben Vater haben; § 1589 Anm. 3 u. 5.

[6]) Das bedeutet zunächst, daß der vierte Titel dieses Abschnitts („Rechtliche Stellung der ehelichen Kinder") auf das Verhältniß der Mutter zum unehelichen Kinde gleichfalls Anwendung findet. Doch steht der Mutter die elterliche Gewalt nicht zu; § 1707.

Auch außerhalb des erwähnten Titels finden alle Vorschriften, die allgemein von den Eltern, der Mutter, den Kindern, Abkömmlingen, Geschwistern, Verwandten, Familienangehörigen u. s. w. sprechen, auf das uneheliche Kind im Verhältniß zur Mutter und der mütterlichen Familie gleichfalls Anwendung.

Wo aber die Gesetze ausdrücklich von der „ehelichen“ Mutter, von „ehelichen“ Kindern oder Abkömmlingen sprechen, da ist trotz § 1705 das uneheliche Kind auch im Verhältniß zur Mutter nicht einbegriffen; Beispiele s. in den §§ 1314, 1741, 1845, 1899, 1904.

7) Wird die Mutterschaft eines unehelichen Kindes streitig, so finden auf deren Feststellung die Vorschriften über die Feststellung des Bestehens eines Kindes- oder Elternverhältnisses (§§ 640–643 C.P.O.) Anwendung.

§. 1706.

Das uneheliche Kind erhält [1]) den Familiennamen [2]) [3]) der Mutter.

Führt die Mutter [4]) in Folge ihrer Verheirathung [5]) einen anderen Namen, so erhält das Kind [6]) den Familiennamen, den die Mutter vor der Verheirathung [7]) geführt hat. Der [8]) Ehemann der Mutter [9]) kann durch Erklärung gegenüber der zuständigen Behörde [10]) dem Kinde [11]) mit Einwilligung [12]) des Kindes [13]) und der Mutter [14]) seinen Namen [15]) ertheilen; [16]) [17]) die Erklärung des Ehemanns sowie die Einwilligungserklärungen des Kindes und der Mutter sind in öffentlich beglaubigter Form [18]) abzugeben. [19]) [20]).

1) Mit seiner Geburt.

[2]) Ob dazu auch der Adel gehört, bestimmt sich nach dem öffentlichen Recht und damit nach dem Landesrecht. Für Preußen gilt der verneinende § 641 II 1 A.L.R. fort. Vgl. Preuß. A.G. z. B.G.B. Art. 89 Nr. I c.

[3]) Die Beilegung des Vornamens (Personenstandsgesetz v. 6. Februar 1875 § 22 Abs. I Nr. 4 u. Abs. 3) steht der Mutter als Ausfluß der Sorge für die Person zu; § 1707 Satz 2.

[4]) Zur Zeit der Geburt des Kindes.

[5]) Sei es, daß sie in der Ehe ein uneheliches Kind gebärt (§ 1705 Anm. 3 zu b), oder daß sie als Wittwe oder Geschiedene den Namen des Mannes führt.

[6]) Nämlich mit seiner Geburt. Bei einem in der Ehe geborenen Kinde kann die Feststellung dessen allerdings regelmäßig erst mit der Unehelichkeitserklärung erfolgen. Vgl. §§ 1593 ff.

[7]) Im Falle mehrfacher Heirath den vor der ersten Heirath geführten Namen, also immer den Mädchennamen.

[8]) Der hier beginnende Satz ist im Reichstag hinzugefügt und bei der Schlußredaktion ungenauer Weise an den Abs. 2 des § 1706 angeschlossen worden. Er ist nach der Absicht als selbstständiger Absatz gedacht und bezieht sich hauptsächlich auf den Fall, wenn die Mutter sich nach der Geburt des Kindes verheirathet, ist aber auch anwendbar, wenn eine Frau in der Ehe ein uneheliches Kind erzeugt.

[9]) D. i. der Stiefvater des Kindes, nicht sein Erzeuger; vgl. Anm. 8.

[10]) Die Zuständigkeit bestimmt sich nach Landesrecht; vgl. hierzu Preuß. A.G. z. B.G.B. Art. 68 § 2 in Anlage II. — Ueber den Begriff „gegenüber" vgl. B.G.B. §§ 130, 132 unten bei § 1726 Anm. 5. — Zustimmung der Behörde ist nicht erforderlich.

[11]) Gleichviel ob es minderjährig oder volljährig ist.

[12]) Die Einwilligung kann vorausgehen oder nachfolgen; sie kann wirksam sowohl dem Ehemanne als der Behörde gegenüber erklärt werden; B.G.B. §§ 182—184.

[13]) Wenn das Kind minderjährig ist, seines Vormundes. Zur selbstständigen Ertheilung der Einwilligung ist das Kind, auch wenn es über sieben Jahre alt ist, nicht berechtigt (B.G.B. §§ 106, 107), weil es durch den Akt zugleich verpflichtet wird (s. Anm. 17 a. E.). — Genehmigung des Vormundschaftsgerichts ist nicht erforderlich.

[14]) Ist die Mutter zugleich Vormund, so kann sie die Einwilligung in beiden Eigenschaften erklären, entsprechend auch der Stiefvater, wenn er Vormund ist. Ein Rechtsgeschäft mit der Mutter oder dem Stiefvater (B.G.B. § 184 u. § 1795 Nr. 1) enthält die Einwilligung nicht.

Ist die Mutter minderjährig, so kann sie oder ihr Vertreter die Einwilligung ertheilen (B.G.B. §§ 106, 107). Ist sie todt, so ist die Namensänderung unstatthaft; vgl. argumentum e contrario aus § 1726 Abs. 3.

[15]) D. i. seinen Familiennamen (Adel s. Anm. 2). Ueber die Eintragung in das Standesregister; vgl. Personenstandsgesetz § 26 unten bei § 1720 Anm. 6 und Preuß. A.G. z. B.G.B. Art. 68 § 2 a. E. in Anlage II Nr. 1.

[16]) Die Ertheilung kann nur gegenüber dem Geburtsnamen des Abs. 1 erfolgen. Sie findet nicht statt, wenn das Kind in Folge Legitimation, Annahme an Kindesstatt, Verheirathung oder weil ein Ehemann früherer Ehe ihm seinen Namen beigelegt hat, nicht mehr den Mädchennamen der Mutter führt.

[17]) Die Ertheilung geschieht nur zum besseren Fortkommen des Kindes; eine familienrechtliche Bedeutung hat sie nicht. — Den neuen Namen ist das Kind zu führen nicht nur berechtigt, sondern auch verpflichtet.

[18]) Hierzu B.G.B. § 129.

Ist durch Gesetz für eine Erklärung öffentliche Beglaubigung vorgeschrieben, so muß die Erklärung schriftlich abgefaßt und die Unterschrift des Erklärenden von der zuständigen

Behörde oder einem zuständigen Beamten oder Notar beglaubigt werden. Wird die Erklärung von dem Aussteller mittelst Handzeichens unterzeichnet, so ist die im §. 126 Abs. 1 vorgeschriebene Beglaubigung des Handzeichens erforderlich und genügend.

Die öffentliche Beglaubigung wird durch die gerichtliche oder notarielle Beurkundung der Erklärung ersetzt.

Die Beglaubigung erfolgt durch die Amtsgerichte oder Notare (durch die ersteren jedoch nur, wenn die Landesgesetze sie nicht ausschließen). Für die Beglaubigung von Unterschriften, aber nicht von Handzeichen können die Landesgesetze noch andere zuständige Stellen bestimmen. F.G.G. §§ 167, 191; vgl. hierzu Preuß. A.G. z. B.G.B. Art. 68 in Anl. II.

[19]) Hat die zum Empfang zuständige Behörde die Beglaubigungsbefugniß (s. Anm. 18), dann darf sie die Beglaubigung selbst bewirken und wenn das Amtsgericht die zuständige Behörde ist, auch die Beglaubigung durch Beurkundung gemäß § 129 Abs. 2 ersetzen. Hat sie keine Beglaubigungsbefugniß, so darf sie sich nur mit der Entgegennahme, nicht mit der Beglaubigung der Erklärung befassen.

[20]) Die Aenderung des Namens tritt ein, nachdem die Erklärung des Ehemannes und die Einwilligungserklärungen bei der zuständigen Behörde eingegangen sind. Auf die Reihenfolge des Einganges kommt es nicht an.

§. 1707.

Der Mutter steht nicht[1]) die elterliche Gewalt[2]) über das uneheliche Kind zu.[3]) Sie hat das Recht und die Pflicht, für die Person des Kindes zu sorgen;[4]) zur Vertretung des Kindes ist sie nicht berechtigt.[5][6]). Der Vormund des Kindes hat, soweit der Mutter die Sorge zusteht,[7]) die rechtliche Stellung eines Beistandes.[8])[9])[10])

[1]) Ausnahme von § 1705.

[2]) §§ 1626 ff. Danach auch nicht die Nutznießung am Kindesvermögen (§ 1649), insbesondere nicht an den vom Vater zu zahlenden Unterhaltsgeldern (§§ 1708 ff.), ferner nicht das Recht zu letztwilligen Anordnungen über die Bevormundung des Kindes (§§ 1776, 1782, 1797, 1855, 1858 ff.); vgl. ferner § 1847 Anm. 2 u. § 1912 Anm. 2.

[3]) Auch dann nicht, wenn sie eheliche Kinder hat, über welche sie (als Wittwe) die elterliche Gewalt übt. Das Kind erhält sonach stets einen Vormund (§ 1773). Die Mutter kann Vormund sein. Das Nähere über die Bevormundung s. in den §§ 1773 ff.

[4]) Dieses Recht ist sonst in der elterlichen Gewalt enthalten (§ 1627). Insoweit die Mutter das Recht übt, übt sie es ebenso wie die eheliche Mutter (§ 1705). Es kommen deshalb sowohl über den Umfang des Rechtes, als über die Ausübung, Einschränkung und Aufhebung desselben die §§ 1627 ff. zur Anwendung.

Ueber die religiöse Erziehung des Kindes vgl. E.G. z. B.G.B. Art. 134.

[5]) Auch nicht in denjenigen Angelegenheiten, welche die Sorge für die Person betreffen (vgl. § 1708 Anm. 4). Die Empfangnahme der Unterhaltsgelder gehört zur Vertretung des Kindes (vgl. aber § 1716 Anm. 6), ihre Verwendung dagegen zur thatsächlichen Sorge für die Person. Die Mutter hat deshalb einen Anspruch auf Aushändigung der Unterhaltsgelder Seitens des Vormundes.

Ueberall wo die Gesetze vom „gesetzlichen Vertreter" des Kindes sprechen, ist darunter der Vormund, nicht die Mutter verstanden.

[6]) Das Arbeitsbuch eines minderjährigen Arbeiters kann vom Arbeitgeber mit Genehmigung der Gemeindebehörde auch „an die zur gesetzlichen Vertretung nicht berechtigte Mutter" ausgehändigt werden; § 107 der Gewerbeordnung.

Ueber die Rechte der Mutter beim Lehrlingsvertrage s. § 1631 Anm. 2.

[7]) Und soweit die Mutter sie zu üben im Stande ist. Ist die Mutter an der Ausübung rechtlich (§ 1666) oder thatsächlich verhindert, so wird nicht wie bei der elterlichen Gewalt ein Pfleger bestellt (§ 1909), vielmehr übt alsdann der Vormund die Sorge für die Person.

Ist die Mutter todt, so übt der Vormund alle sonst dem Vormund zustehenden Rechte.

[8]) Vgl. §§ 1689, 1694 und §§ 1793 ff. mit den Anmerkungen. Als Beistand kann nach dem Gesetz immer nur eine Person fungiren; vgl. hierzu § 1793 Anm. 1 zu a.

[9]) Ist die Mutter zum Vormund bestellt, so vereinigt sie die mütterlichen und die vormundschaftlichen Rechte in ihrer Person. Betreffs der ersteren hat das Vormundschaftsgericht nicht diejenigen Aufsichtsrechte, welche ihm gegenüber dem Vormund zustehen (§§ 1837 ff.), sondern nur diejenigen Rechte, welche es hätte, wenn die Mutter nicht Vormund wäre (§§ 1665 ff., vgl. auch § 1838 Satz 2).

[10]) Die Rechte des § 1707 stehen der Mutter auch dann zu, wenn sie minderjährig ist und selbst unter elterlicher Gewalt oder Vormundschaft steht und ebenso wenn sie sich verheirathet (vgl. §§ 1696, 1697). Ihr Ehemann hat keine Fürsorgerechte für das Kind.

Die Stellung der Mutter nach § 1707 ist die gleiche wie die der wiederheirathenden ehelichen Mutter.

§. 1708.[1])

Der Vater des unehelichen Kindes[2]) ist verpflichtet,[3]) dem Kinde[4]) bis zur Vollendung des sechzehnten Lebensjahrs den der Lebensstellung der Mutter entsprechenden[5]) Unterhalt[6]) zu gewähren. Der Unterhalt umfaßt den gesammten Lebensbedarf[7]) sowie die Kosten der Erziehung[8]) und der Vorbildung zu einem Berufe.[9]) [10])

[11]) Ist das Kind zur Zeit der Vollendung des sechzehnten Lebensjahrs in Folge körperlicher oder geistiger Gebrechen außer Stande, sich selbst zu unterhalten,[12]) so hat ihm der Vater auch über diese Zeit hinaus[13]) Unterhalt zu gewähren; die Vorschrift des §. 1603 Abs. 1[14]) findet Anwendung.

[1]) Die §§ 1708 ff. stellen eine Ausnahme von dem Grundsatz der Vaterlosigkeit des unehelichen Kindes (vgl. § 1589 Anm. 3) dar. — Die Unterhaltspflicht ist die einzige, dem Vater gegenüber dem Kinde obliegende Pflicht. Sie unterliegt — abgesehen von der Ausnahme in § 1708 Abs. 2 am Schluß — nicht den Regeln über den Unterhalt der Familienmitglieder (§§ 1601—1615), sondern wird wie jede andere Schuldverbindlichkeit behandelt; s. Anm. 3, vgl. auch noch § 1705 Anm. 2.

Rechte betreffs des Kindes stehen dem Vater überhaupt nicht zu.

[2]) Nur dieser, nicht die väterlichen Großeltern. — Feststellung der Vaterschaft s. § 1717.

[3]) Ganz ohne Rücksicht auf seine Vermögensverhältnisse und seine Leistungsfähigkeit (keine Einrede des Nothbedarfs), vgl. Anm. 1. — Lebt der Vater in Güter-

gemeinschaft, so haftet für den Anspruch das Gesammtgut (§§ 1459, 1530, 1549).

[4]) Gleichviel ob das Kind bedürftig ist oder nicht, insbesondere auch wenn es eigenes Vermögen besitzt. — Die Verfolgung des Anspruchs steht dem Kinde, nicht der Mutter zu. Ausnahme s. § 1709 Abs. 2 und § 1716.

[5]) d. i. also nicht blos den nothdürftigen, sondern den standesmäßigen Unterhalt (vgl. § 1610), aber bemessen nach dem Stande der Mutter, und zwar auch dann, wenn dieser Stand der höhere ist; vgl. hierzu § 1710 Anm. 2.

Einen weitergehenden Anspruch haben die Kinder aus einer nichtigen Ehe; vgl. § 1703.

[6]) Den ganzen Unterhalt, nicht blos einen Beitrag.

[7]) Nach den Umständen des einzelnen Falles; auch Krankheitskosten, nicht aber Prozeßkosten; über Beerdigungskosten s. § 1713 Abs. 2.

[8]) Einschließlich der religiösen Erziehung (Taufe).

[9]) Und zwar nach Maßgabe desjenigen Berufes, den die Mutter oder der Vormund (vgl. § 1631 Anm. 2, § 1707 Anm. 7) auswählen, sofern sich die Wahl innerhalb der Grenzen der Lebensstellung der Mutter hält.

[10]) Aber auch die Vorbildungskosten, nur bis zu sechszehn Jahren, selbst wenn die Vorbildung dann noch nicht abgeschlossen ist.

[11]) Abs. 2 behandelt die außerordentlichen Fälle, in denen der Vater über das sechszehnte Jahr hinaus unterhaltspflichtig bleibt. Die Vorschrift kann gemäß Art. 208 E.G. z. B.G.B. erst mit dem Jahre 1917 praktisch werden; vgl. aber § 1714 Anm. 4.

[12]) Nur wenn die Gebrechen und die Bedürftigkeit in diesem Zeitpunkt bestehen, nicht wenn sie erst später entstehen.

[13]) So lange der Zustand dauert, ohne zeitliche Begrenzung.

[14]) Vgl. oben S. 34. Hier findet also die Einrede des Nothbedarfs statt.

§. 1709.

Der Vater ist vor der Mutter und den mütterlichen Verwandten des Kindes[1])[2]) unterhaltspflichtig.

Soweit die Mutter oder ein unterhaltspflichtiger[3]) mütterlicher Verwandter dem Kinde den Unterhalt gewährt,[4]) geht der Unterhaltsanspruch des Kindes gegen den Vater auf die Mutter oder den Verwandten über.[5])[6]) Der Uebergang kann nicht zum Nachtheile des Kindes geltend gemacht werden.[7])

[1]) d. i. den Großeltern oder weiteren Voreltern, § 1601. Die Mutter und deren Familie wird erst dann unterhaltspflichtig, wenn der Vater rechtlich nicht zu ermitteln ist (§ 1717) oder wenn und insoweit von ihm nichts zu erlangen ist. Für die Reihenfolge bei der Unterhaltspflicht entscheidet alsdann § 1606 Abs. 2.

[2]) Aber regelmäßig nicht vor einem etwaigen Ehegatten des Kindes; vgl. § 1608 Anm. 1 u. 2.

[3]) d. h. in abstracto unterhaltspflichtiger. Ob im konkreten Falle die Reihe an ihm war (s. Anm. 1), ist unerheblich.

[4]) Gleichviel ob in Geld oder in Natur. Im ersteren Fall geht der Anspruch in Höhe der Geldleistung, im letzteren Fall in Höhe des Werthes der Naturalverpflegung über. Der Rest steht dem Kinde zu.

[5]) Kraft Gesetzes. Vgl. hierzu B.G.B. § 412. Danach tritt zwar der Verwandte mit der Leistung des Unterhalts von

selbst an die Stelle des Kindes. Der Vater kann aber so lange mit Sicherheit an das Kind zahlen, als er den Uebergang nicht kennt; §§ 398, 410.

[6]) Hat ein nicht Unterhaltspflichtiger dem Kinde Unterhalt gewährt, so bleibt der Anspruch des Kindes gegen den Vater hierdurch unberührt (§ 1711). Zwischen dem Kinde und dem Dritten kommt das der Besorgung zu Grunde liegende Rechtsverhältniß zur Anwendung, d. i. regelmäßig die Geschäftsführung ohne Auftrag (§§ 677 ff.; vgl. hierzu § 685 Abs. 2 oben bei § 1601 Anm. 3).

Ist der Dritte ein Armenverband, so gilt § 62 Abs. 1 des G. v. 6. Juni 1870 (R.G.Bl. S. 360):

> „Jeder Armenverband, welcher nach Vorschrift dieses Gesetzes einen Hülfsbedürftigen unterstützt hat, ist befugt, Ersatz derjenigen Leistungen, zu deren Gewährung ein Dritter aus anderen als den durch dieses Gesetz begründeten Titeln verpflichtet ist, von dem Verpflichteten in demselben Maaße und unter denselben Voraussetzungen zu fordern, als dem Unterstützten auf jene Leistungen ein Recht zusteht."

Nur wenn ein Dritter als Geschäftsführer des Vaters gehandelt hat, wird der letztere durch dessen Leistung befreit.

[7]) Dieser Satz soll folgendes besagen: wenn der Dritte für die Zeit seiner Leistung und das Kind für einen anderen Zeitraum einen vollstreckbaren Titel erwirkt und die Vollstreckung für Beide nur zu theilweiser Befriedigung führt, so muß der Dritte, selbst wenn er früher gepfändet hat (C.P.O. § 804 Abs. 3), dem Kinde nachstehen.

§. 1710.

Der Unterhalt ist durch Entrichtung einer Geldrente[1])[2]) zu gewähren.[3])[4])

Die Rente ist für drei Monate[5]) vorauszuzahlen. Durch eine Vorausleistung für eine spätere Zeit wird der Vater nicht befreit.[6])[7])[8])

Hat das Kind den Beginn des Vierteljahrs[9]) erlebt, so gebührt ihm der volle auf das Vierteljahr entfallende Betrag.[10])[11])

[1]) Nur durch solche. Der Vater hat kein Recht, die Verpflegung selbst zu besorgen; doch ist Abänderung nach § 1714 Abs. 1 zulässig.

[2]) Die Rente ist so hoch zu bemessen, daß das Kind dafür in eine standesmäßige fremde Verpflegung gegeben werden kann. Dabei ist auch der individuelle Zustand des Kindes (Kränklichkeit, Gebrechlichkeit u. s. w.) mit zu berücksichtigen. Eine Nachforderung wegen besonderer Umstände ist nach ergangenem Urtheil nur unter den Voraussetzungen des § 323 C.P.O. (s. Anlage I) zulässig. — Ob der Unterhalt aus besonderen Gründen, z. B. weil die Mutter ihn besorgt, thatsächlich billiger beschafft wird, ist gleichgiltig.

[3]) Und zwar durch Uebersendung auf Gefahr und Kosten des Schuldners an den Wohnsitz des Kindes (B.G.B. § 270). — Zu einer Sicherheitsleistung ist der Vater nicht verpflichtet.

[4]) Der Anspruch auf die Rente ist nicht pfändbar (C.P.O. § 850 Nr. 2) und demgemäß nicht durch Aufrechnung tilgbar (B.G.B. § 394) und auch nicht übertragbar (B.G.B. § 400).

[5]) Von der Geburt des Kindes rechnend.

[6]) d. h. insoweit nicht, als die Zeit über drei Monate vom Zahlungstage hinaus liegt. Zahlt der Vater die am 1. Juli fällige Rente bereits am 29. Juni, so wird er hierdurch für die Zeit bis zum 29. September, nicht aber für den 30. September befreit.

[7]) **Das Kind ist aber zur Rückzahlung des Empfangenen wegen ungerechtfertigter Bereicherung verpflichtet** (B.G.B. § 812 Abs. 1 Satz 2, vgl. aber auch § 815). Nur kann dieser Anspruch nicht zur Aufrechnung gegen den Unterhaltsanspruch gestellt werden; vgl. Anm. 4. Ist das gezahlte Geld bei dem Vertreter des Kindes thatsächlich vorhanden, so kann indessen der Vater verlangen, daß der Unterhalt hieraus entnommen und demgemäß die Klage abgewiesen wird. Vgl. übrigens noch § 1711 Anm. 2.

[8]) Eine Abweichung von Abs. 2 (sowohl von Satz 1 als von Satz 2) kann nach § 1714 bedungen werden.

[9]) Vgl. Anm. 5.

[10]) Für die Verjährung des Unterhaltsanspruchs gelten folgende Vorschriften des B.G.B.:

§. 194 (Abs. 2). Der Anspruch aus einem familienrechtlichen Verhältniß unterliegt der Verjährung nicht, soweit er auf die Herstellung des dem Verhältniß entsprechenden Zustandes für die Zukunft gerichtet ist.

§. 197. In vier Jahren verjähren .... die Ansprüche auf Rückstände von Renten, ... Unterhaltsbeiträgen und allen anderen regelmäßig wiederkehrenden Leistungen.

§. 198. Die Verjährung beginnt mit der Entstehung des Anspruchs. — — — — — — —

Die einzelne Rente verjährt demnach (ohne Rücksicht darauf, ob bereits eine Feststellung der Höhe der Rente erfolgt war oder nicht) in 4 Jahren seit ihrer Fälligkeit. Im Falle rechtskräftiger Zuerkennung verjähren die nach dem Urtheil fällig werdenden Leistungen in gleicher Frist, die früheren in 30 Jahren (§ 218).

[11]) Die für die Verfolgung des Anspruchs geltenden Vorschriften der Prozeßgesetze s. unten in Anlage I.

§. 1711.

Der Unterhalt kann auch für die Vergangenheit verlangt werden.[1])[2])

[1]) Und zwar, insoweit der Vater in Verzug ist, mit vier vom Hundert an Zinsen (B.G.B. §§ 284—288).

Im Uebrigen vgl. § 1709 Abs. 2 mit den Anmerkungen und § 1710 Anm. 10.

[2]) Aber nicht, wenn das Kind in dieser Zeit thatsächlich aus Mitteln des Vaters unterhalten worden ist, sollten diese Mittel auch nicht dem § 1710 genau entsprechen. Dahin gehört auch der Fall, wenn der Vater zu früh gezahlt hat (§ 1710 Abs. 2), die Zahlung aber thatsächlich zum Unterhalt verwendet worden ist; vgl. auch § 1714 Anm. 8.

§. 1712.

Der Unterhaltsanspruch erlischt nicht mit dem Tode des Vaters;[1]) er steht dem Kinde auch dann zu, wenn der Vater vor der Geburt des Kindes gestorben ist.

Der Erbe des Vaters[2]) ist berechtigt,[3]) das Kind mit dem Betrag abzufinden, der dem Kinde als Pflichttheil gebühren würde, wenn es ehelich wäre.[4])[5]) Sind mehrere uneheliche Kinder vorhanden,[6]) so wird die Abfindung so berechnet wie wenn sie alle ehelich wären.[7])

[1]) Abweichung von der familienrechtlichen Unterhaltspflicht (§ 1615); vgl. § 1708 Anm. 1.

Der Erbe haftet für den Unterhalt nur wie für andere Nachlaßschulden (§§ 1967 ff.). Haftung mehrerer

Erben s. §§ 2058 ff. Rückbehaltung der noch nicht fälligen Renten bei der Auseinandersetzung s. § 2046 Abs. 1.

Ein Erbrecht steht dem Kinde gegen seinen Vater nicht zu.

²) Auch der Konkursverwalter des Nachlasses (vgl. Anm. 5). Mehrere Erben können das Recht nur gemeinsam ausüben (B.G.B. §§ 2032, 2040), doch kann jeder Miterbe es für den ganzen Nachlaß üben, wenn er die ganze Abfindungssumme zahlt; B.G.B. § 267.

³) Und zwar ohne zeitliche Begrenzung; doch müssen bis zur Ausübung des Rechts die Unterhaltsgelder gezahlt werden. Um die Zahlungen für die Zeit nach dem Tode kürzt sich alsdann die Abfindungssumme.

Ist eine Abfindung nach § 1714 vereinbart worden, so findet § 1712 keine Anwendung; die vereinbarte Abfindungssumme hat die Stellung jeder andern Nachlaßschuld.

⁴) § 2303. Beispiele:

X hinterläßt keine Ehefrau, dagegen zwei eheliche und ein uneheliches Kind. Wäre das letztere auch ehelich, so würde sein gesetzlicher Erbtheil $^1/_3$ betragen; es erhält also $^1/_6$.

X hinterläßt nur Geschwister und ein uneheliches Kind. Wäre das letztere ehelich, so würde es Alleinerbe sein; es erhält als Pflichttheil die Hälfte des Nachlasses.

⁵) Ist der Nachlaß überschuldet, so erhält das Kind nichts. Hier wird durch die Ausübung des Abfindungsrechts der Unterhaltsanspruch vollständig beseitigt. Von besonderer Bedeutung im Konkurse.

⁶) Aber nur solche, welche noch unterhaltsberechtigt sind.

⁷) Auch dann, wenn das Abfindungsrecht nur Betreffs einzelner Kinder geübt wird.

§. 1713.

Der Unterhaltsanspruch erlischt mit dem Tode des Kindes, soweit er nicht auf Erfüllung oder Schadensersatz wegen Nichterfüllung für die Vergangenheit[1]) oder auf solche im voraus zu bewirkende Leistungen gerichtet ist, die zur Zeit des Todes des Kindes fällig sind.[2])

Die Kosten der Beerdigung[3]) hat der Vater zu tragen,[4]) soweit ihre Zahlung nicht von dem Erben des Kindes zu erlangen ist.[5])

[1]) B.G.B. § 288; vgl. § 1711 Anm. 1.

[2]) § 1710 Abs. 2 u. 3.

[3]) Und zwar der standesmäßigen (der Lebensstellung der Mutter entsprechenden) Beerdigung; § 1708.

[4]) sofern das Kind im unterhaltspflichtigen Alter (§ 1708) stirbt.

[5]) Der Erbe haftet für die Beerdigungskosten nur in dem Umfange, wie für sonstige Nachlaßschulden (§§ 1968, 1975 ff.). Hat das Kind nichts hinterlassen, so kann die Mutter, obwohl sie Erbin geworden ist, nach § 1990 mit § 1713 Abs. 2 die Erstattung der Kosten vom Vater fordern.

§. 1714.

Eine Vereinbarung zwischen dem Vater und dem Kinde[1]) über den Unterhalt[2]) für die Zukunft[3]) oder über eine an Stelle des Unterhalts[4]) zu gewährende Abfindung[5]) bedarf der Genehmigung des Vormundschaftsgerichts.[6])[7])[8])

Ein unentgeltlicher Verzicht auf den Unterhalt für die Zukunft[9]) ist nichtig.[10])

[1]) Nur zwischen diesen, nicht zwischen Vater und Mutter. Vereinbarungen unter letzteren sind unbeschränkt zulässig (vgl. aber Anm. 2), binden indessen das Kind nicht.

[2]) d. i. über jede Feststellung des Umfangs der Leistung und jede Abweichung von den §§ 1708—1713, insbesondere: Feststellung der Höhe der Geldrente, Zahlung in anderen als Dreimonatsraten, Bewirkung der Naturalverpflegung durch den Vater. Eine Abrede letzterer Art kann übrigens nur unbeschadet des Erziehungsrechtes der Mutter (§ 1707) wirksam werden. Selbst wenn die Mutter dem Abkommen beitritt, kann sie das Kind jederzeit wieder in eigene Erziehung nehmen, weil die Rechte aus § 1707 der Aenderung im Vertragswege nicht unterworfen sind.

[3]) Vereinbarungen betreffs der Vergangenheit unterliegen den allgemeinen Regeln. Danach ist eine Genehmigung des Vormundschaftsgerichts nur erforderlich, wenn die Vereinbarung sich als ein Vergleich darstellt und der Vergleichsgegenstand (d. h. die vom Kinde erhobene und durch den Vergleich erledigte Forderung, nicht die verabredete Vergleichssumme) 300 Mark übersteigt. B.G.B. § 1822 Nr. 12.

[4]) Sei es des regelmäßigen Unterhaltsanspruchs nach § 1708 Abs. 1 oder des außerordentlichen nach Abs. 2 daselbst. Es wird in dem Abkommen festzustellen sein, ob auch der letztere durch die Abfindung abgegolten sein soll.

[5]) Bei den familienrechtlichen Unterhaltsansprüchen ist ein solches Abkommen unstatthaft (§ 1614); hier ist es zugelassen. Ist durch die Vereinbarung die Höhe der Rente vorbehaltlos festgesetzt, so kann eine Erhöhung oder Minderung auch unter den Voraussetzungen des § 323 C.P.O. (s. Anlage I) später nicht verlangt werden.

[6]) Ueber deren Ertheilung s. B.G.B. §§ 1826, 1828; Anhörung der Mutter oder sonstigen Angehörigen s. § 1847; vgl. ferner F.G.G. § 55.

Der außereheliche Vater hat gegen die Versagung der Genehmigung kein Beschwerderecht. K.G. v. 30. April 1900 (Sammlung des Reichsjustizamts 1 S. 41, Jahrbuch N.F. 1 A S. 136).

7) Eine besondere Form für die Vereinbarung ist nicht vorgeschrieben; sie kann privatschriftlich erfolgen. — Abschluß und Genehmigung sind auch schon vor der Geburt des Kindes zulässig; das letztere muß alsdann durch einen Pfleger vertreten werden (§ 1912).

8) Ist die Genehmigung nicht erfolgt, das Abkommen aber von beiden Seiten thatsächlich ausgeführt worden, so liegt in dieser Ausführung zugleich eine Vereinbarung für die Vergangenheit (s. Anm. 9). Hat z. B. der Vater auf Grund einer nicht genehmigten Vereinbarung die Naturalverpflegung des Kindes im Einverständniß mit dem Vormund thatsächlich ausgeführt, so kann für die vergangene Zeit die Geldrente von ihm nicht gefordert werden; vgl. auch § 1711 Anm. 2.

9) Für die Vergangenheit gilt, so lange der Berechtigte minderjährig ist, dasselbe; es sei denn, daß der Verzicht einer sittlichen Pflicht oder einer Anstandsrücksicht entspräche; B.G.B. § 1804.

10) Auch wenn ihn das Vormundschaftsgericht genehmigt haben sollte.

§. 1715.

Der Vater[1]) ist verpflichtet, der Mutter die Kosten der Entbindung[2]) sowie die Kosten des Unterhalts[3]) für die ersten sechs Wochen nach der Entbindung[4]) und, falls in Folge der Schwangerschaft oder der Entbindung weitere Aufwendungen nothwendig werden,[5]) auch die dadurch entstehenden Kosten[6]) zu ersetzen.[7]) Den gewöhnlichen Betrag

der zu ersetzenden Kosten[8]) kann die Mutter ohne Rücksicht auf den wirklichen Aufwand[9]) verlangen.

Der Anspruch steht der Mutter auch dann zu wenn der Vater vor der Geburt des Kindes gestorben oder wenn das Kind todt geboren ist.[10])

Der Anspruch verjährt in vier Jahren.[11]) Die Verjährung beginnt mit dem Ablaufe von sechs Wochen nach der Geburt des Kindes.[12]) [13])

[1]) Vgl. § 1717; s. auch Anm. 2 daselbst.

[2]) Arzt, Hebamme, Arznei, Pflege. Und zwar die wirklich aufgewendeten Kosten, sofern die Aufwendung sachgemäß war; vgl. aber Anm. 9.

[3]) d. i. des gesammten Lebensbedarfs (vgl. § 1708 Abs. 1 Satz 2) in den gleichen Grenzen wie nach Anm. 2 und zwar auch dann, wenn die Mutter zum Theil sich den Unterhalt selbst verdient hat; vgl. Anm. 7.

[4]) Das ist für die normale Dauer der geminderten Erwerbsfähigkeit; vgl. Gewerbeordnung § 137 Abs. 5.

[5]) z. B. durch Arbeitsunfähigkeit während eines Theiles der Schwangerschaft, durch eine in Folge der Entbindung entstandene und über sechs Wochen dauernde Krankheit. Ob auch Beerdigungskosten, falls die Mutter in Folge der Entbindung stirbt, ist zweifelhaft. Entgangener Verdienst ist über die Aufwendungen des § 1715 hinaus nicht zu ersetzen.

[6]) Ohne zeitliche Begrenzung, mögen die Kosten auch später entstanden sein.

[7]) Auch wenn die Mutter vermögend ist und die Kosten selbst bestreiten kann; vgl. Anm. 3.
Alle Kosten müssen in Geld ersetzt werden. Ein Recht auf Besorgung der Entbindung oder des Unterhalts hat der Vater nicht.
Ueber die Verzinsung der Aufwendungen und über die Befreiung der Mutter von eingegangenen Verbindlichkeiten s. B.G.B. §§ 256, 257.

[8]) d. i. denjenigen Betrag, welcher nach der Lebensstellung der Mutter (Anm. 3) gewöhnlich entsteht.

[9]) d. i. nicht nur dann, wenn die Mutter den Aufwand nicht beweisen kann, sondern auch dann, wenn sie gar keinen Aufwand gehabt hat. Wegen des Uebergangs des Anspruchs auf Ortskrankenkassen und Armenverbände s. indessen Krankenversicherungsgesetz v. 10. April 1892 § 20 Nr. 2, § 21 Nr. 4, § 57 Abs. 2 u. 4; vgl. auch oben § 1709 Anm. 6.

[10]) Aber nicht im Falle einer Fehlgeburt. (Ist beabsichtigt). — Im Falle der Todtgeburt gehören die Beerdigungskosten zu den in Folge der Entbindung nothwendig gewordenen Aufwendungen.

[11]) Vgl. § 1302 Anm. 1 u. 2.

[12]) Die Ansprüche aus § 1715 gehören zur unbeschränkten Zuständigkeit der Amtsgerichte. G.V.G. § 23 Nr. 2 (s. Anlage I); vgl. noch ferner § 1717 Anm. 2. — Ueber die Geltendmachung im Konkurse s. Konk.O. § 3 Abs. 2 (Anlage I).

[13]) Liegen die Voraussetzungen der §§ 825, 1300 vor (s. oben S. 9 u. 11), so stehen die dort bemerkten Ansprüche der Mutter neben denen aus § 1715 zu; doch können selbstverständlich dieselben Kosten nur einmal gefordert werden.

§. 1716.

Schon vor der Geburt des Kindes[1]) kann[2]) auf Antrag der Mutter[3]) durch einstweilige Verfügung angeordnet werden, daß der Vater[4]) den für die ersten drei Monate dem Kinde[5]) zu gewährenden Unterhalt alsbald nach der Geburt an die Mutter oder[6]) an den Vormund zu zahlen und[7]) den erforderlichen Betrag angemessene Zeit[8]) vor der Geburt zu hinterlegen hat. In gleicher Weise kann auf Antrag der Mutter die Zahlung des gewöhnlichen Betrags der nach §. 1715 Abs. 1 zu ersetzenden Kosten[9]) an die Mutter und die Hinterlegung des erforderlichen Betrags angeordnet werden.

Zur Erlassung der einstweiligen Verfügung ist nicht erforderlich, daß eine Gefährdung des Anspruchs glaubhaft gemacht wird.[10])[11])

[1]) Aber erst dann, wenn nicht nur die Schwangerschaft, sondern auch die bisherige Dauer derselben festgestellt werden kann; vgl. Anm. 10 zu a.

[2]) „kann", nicht „muß". Der Erlaß der Verfügung steht im Ermessen des Gerichts.

[3]) Nur dieser, nicht eines etwa der Leibesfrucht bestellten Pflegers. Die Mutter handelt hierbei aus eigenem Recht (da der Unterhalt sonst auf sie fällt), nicht als Vertreterin des Kindes; vgl. Anm. 10 zu c. Ist die Mutter minderjährig, so ist ihr gesetzlicher Vertreter zum Antrage legitimirt.

[4]) § 1717.

[5]) Nach Maßgabe des § 1708.

[6]) „oder". Die Auswahl steht dem Gericht zu. Da aber „alsbald" nach der Geburt noch kein Vormund vorhanden sein kann, so kann füglich nur die Zahlung an die Mutter angeordnet werden. — Bei Empfangnahme der Zahlung gilt die Mutter (abweichend vom Prozesse selbst; s. Anm. 3 a. E.) als gesetzliche Vertreterin des Kindes.

[7]) „und". Es steht im Ermessen des Gerichts, nur die Zahlung oder auch zugleich die Hinterlegung anzuordnen. Wird beides angeordnet, so dient der hinterlegte Betrag zugleich zur Zahlung. Die Hinterlegung ist so anzuordnen und zu bewirken, daß der Betrag auf den Nachweis der Geburt ohne Weiteres zur Auszahlung gelangt.

[8]) Die Zeit ist in der einstweiligen Verfügung zu bestimmen.

[9]) Vgl. § 1715 Anm. 8. Auf darüber hinausgehende Beträge darf die Verfügung nicht erstreckt werden, ebensowenig auf Zahlung vor der Geburt, selbst wenn die Kosten bereits entstanden sind. — Vgl. im Uebrigen Anm. 2, 7, 8.

[10]) Die Verfügung kann demnach erlassen werden, auch wenn die Voraussetzungen der §§ 935, 940 C.P.O. nicht vorhanden sind. Die §§ 936, 937, 939, 942—945 C.P.O. finden Anwendung. Daraus ergiebt sich insbesondere:

a) Voraussetzung ist regelmäßig, daß die Vaterschaft des in Anspruch Genommenen glaubhaft gemacht ist. Der normale Weg hierzu ist: durch ein ärztliches Attest die bisherige Dauer der Schwangerschaft darzuthun und eine Beiwohnung glaubhaft zu machen, welche mit dem ungefähren Beginn der Schwangerschaft zusammenfällt.

b) Regelmäßig ist über das Gesuch in mündlicher Verhandlung zu entscheiden. Geschieht dies, so muß der Beklagte mit der exceptio plurium (§ 1717) auch in diesem Verfahren gehört werden. Zur Glaubhaftmachung wird genügen, eine Beiwohnung darzuthun, welche gleichfalls mit dem ungefähren Beginn der Schwangerschaft zusammenfällt.

c) Wird später in der Hauptsache die Klage abgewiesen, so ist das Kind zwar zur Herauszahlung des Unterhaltsbeitrages verpflichtet auch wenn die Zahlung an die Mutter angeordnet war (vgl. Anm. 6); darüber hinaus ist aber nur die Mutter, nicht das Kind nach § 945 C.P.O. ersatzpflichtig.

[11]) § 1716 findet auch Anwendung, wenn der Vater vor der Geburt des Kindes gestorben ist. Gegen den Anspruch auf Unterhalt des Kindes (Abs. 1 Satz 1), aber

nicht gegen die Ansprüche der Mutter (Abs. 1 Satz 2) findet alsdann die Abfindung aus § 1712 Abs. 2 statt.

Wegen Geltendmachung im Konkurse s. Konk.O. § 3 Abs. 2 (Anlage I).

§. 1717.[1][2]

Als Vater des unehelichen Kindes im Sinne der §§. 1708 bis 1716[3]) gilt,[4]) wer der Mutter innerhalb der Empfängnißzeit beigewohnt hat,[5]) es sei denn, daß auch ein Anderer ihr innerhalb dieser Zeit beigewohnt hat.[6]) Eine Beiwohnung bleibt jedoch außer Betracht, wenn es den Umständen nach offenbar unmöglich[7]) ist, daß die Mutter das Kind aus dieser Beiwohnung empfangen hat.[8])

Als Empfängnißzeit gilt die Zeit von dem einhunderteinundachtzigsten bis zu dem dreihundertundzweiten Tage[9]) vor dem Tage der Geburt des Kindes,[10]) mit Einschluß sowohl des einhunderteinundachtzigsten als des dreihunderundzweiten Tages.[11])

[1]) § 1717 betrifft die Feststellung der Vaterschaft. Zur Klage hierauf ist sowohl das Kind, als (vgl. § 1715) die Mutter legitimirt. Für die Feststellungsklage sind die Amtsgerichte zuständig; G.V.G. § 23 Nr. 2 (s. Anlage I). Auf die Klage finden gemäß § 644 C.P.O. nicht die besonderen Vorschriften über die Feststellung des Rechtsverhältnisses zwischen Eltern und Kindern (C.P.O. §§ 640—643) Anwendung; das ergangene Urtheil wirkt nur für und gegen die Parteien.

Klagt das Kind allein, so kann die Mutter als Zeugin vernommen werden. Sie kann ihr Zeugniß verweigern, ausgenommen, wenn es sich um Feststellung des Tages der Geburt handelt; vgl. C.P.O. § 383 Nr. 3 (unter Umständen auch § 384 Nr. 2) und § 385 Nr. 2. Die

Vorschrift in § 385 Nr. 3 ebenda findet keine Anwendung, weil kein Familienverhältniß in Frage steht (B.G.B. § 1589 Abs. 2). Ueber die Beeidung der Mutter s. C.P.O. § 393 Abs. 1 Nr. 3 und Abs. 2.

Ueber die Feststellung der Mutterschaft vgl. § 1705 Anm. 7.

²) Inwiefern bei Kindern, die in einer Ehe oder innerhalb 302 Tagen nach deren Auflösung geboren sind, Ansprüche aus § 1717 erhoben werden können, darüber vgl. § 1591 Anm. 1, § 1593 mit Anm. 3, § 1596 mit Anm. 3 u. 5, § 1705 Anm. 3. Wird eine Klage auf Grund des § 1717 erhoben und schwebt gleichzeitig eine Anfechtungsklage des Mannes, so ist auf Antrag der Rechtsstreit auszusetzen. Das Nähere regeln die §§ 152 bis 155 C.P.O.

Das Vorstehende gilt sowohl für die Ansprüche des Kindes aus § 1708 als für die der Mutter aus § 1715.

³) Nur im Sinne dieser Vorschriften, sonst nicht; vgl. § 1589 Anm. 3 u. 4.

⁴) Ohne Zulassung eines anderen Gegenbeweises als des im § 1717 selbst Gestatteten; vgl. aber für in der Ehe geborene Kinder § 1593 Anm. 3.

⁵) Den Beweis dessen hat das Kind oder die Mutter zu führen.

⁶) Den Beweis dessen hat der in Anspruch Genommene (Beklagte) zu führen. — Hat eine Beiwohnung Mehrerer stattgefunden, dann gilt das Kind auch im Sinne der §§ 1708—1716 als vaterlos und es finden Ansprüche aus diesen Vorschriften gegen Niemand statt. Unterhaltspflichtig ist alsdann zunächst die Mutter (§§ 1601, 1606).

⁷) Nicht bloß sehr unwahrscheinlich. Beispiele: wenn die Mutter zur Zeit der Beiwohnung schon schwanger war oder wenn eine völlig ausgetragenes Kind geboren ist und die Beiwohnung 6—7 Monate vor der Geburt stattgefunden hat. Die Unmöglichkeit hat zu beweisen, wer sie behauptet; vgl. Anm. 8.

[8]) Das Vorbringen dieser Unmöglichkeit kann sowohl als Einrede gegen die Klage, wie als Replik gegen die exceptio plurium geltend gemacht werden. Beispiel I: Das Kind ist am 1. November geboren; Empfängnißzeit vom 3. Januar bis 4. Mai. A ist in Anspruch genommen aus einer Beiwohnung vom 1. April. Einrede: die Mutter war damals schon schwanger. — Beispiel II: Das Kind ist am 1. November geboren. Der Beklagte A, welcher im Februar der Mutter beigewohnt hat, wendet ein, außer ihm habe noch B, und zwar am 1. April, der Mutter beigewohnt; Replik gegen die Einrede: die letztere Beiwohnung muß außer Betracht bleiben, weil damals die Mutter schon schwanger war.

[9]) Ein auch nur ausnahmsweises Zurückgehen über den 302. Tag, wie zu Gunsten der Ehelichkeit (§ 1592 Abs. 2) findet nicht statt.

[10]) Dieser Tag wird nicht mitgerechnet.

[11]) Zur Berechnung der Empfängnißzeit vgl. die Tabelle in Anlage III.

§. 1718.

Wer seine Vaterschaft nach der Geburt des Kindes[1]) in einer öffentlichen Urkunde[2]) anerkennt,[3]) kann sich nicht darauf berufen, daß ein Anderer der Mutter innerhalb der Empfängnißzeit beigewohnt habe.[4])[5])[6])

[1]) Eine Anerkennung vor der Geburt hat die Wirkung des § 1718 nicht.

[2]) Hierzu: F.G.G.:

§. 167 (Abs. 2). Für die öffentliche Beglaubigung einer Unterschrift sind außer den Notaren die Amtsgerichte zuständig. Das Gleiche gilt für die Aufnahme der im §. 1718 und im §. 1720 Abs. 2 des Bürgerlichen Gesetzbuchs vorgesehenen öffentlichen Urkunden über die Anerkennung der Vaterschaft; für die Aufnahme dieser Urkunden ist, wenn die Anerkennung der Vaterschaft bei der Anzeige der Geburt des Kindes oder bei der Eheschließung seiner Eltern erfolgt, auch der Standesbeamte zuständig, welcher die Geburt oder die Eheschließung beurkundet.

§. 191 (Abs. 1). Unberührt bleiben die landesgesetzlichen Vorschriften, nach welchen für die Aufnahme der nach dem §. 1718 und dem §. 1720 Abs. 2 des Bürgerlichen Gesetzbuchs erforderlichen öffentlichen Urkunden sowie für die öffentliche Beglaubigung einer Unterschrift außer den Amtsgerichten und Notaren auch andere Behörden oder Beamte zuständig sind.

Für Preußen s. hierzu A.G. z. B.G.B. Art. 70 (Anlage II Nr. 1), durch welchen die Zuständigkeit des Standesbeamten auf Grund des § 191 ausgedehnt ist.

3) Wenn auch in einseitigem Akte. Die Anerkennung braucht weder der Mutter noch dem Kinde gegenüber erklärt zu werden.

4) Gleichviel ob er dies bei der Anerkennung gewußt hat oder nicht. Wegen Irrthums in diesem Punkte kann die Erklärung nicht angefochten werden; B.G.B. § 119.

5) Eine Vermuthung für die Beiwohnung in der Empfängnißzeit — wie nach § 1720 Abs. 2 — begründet die Anerkennung nicht. Ihr Werth nach dieser Richtung untersteht der freien Beweiswürdigung. Der Beweis offenbarer Unmöglichkeit der Empfängniß (§ 1717 Abs. 1 Satz 2) ist gleichfalls zulässig.

Eine materielle Besserstellung des anerkannten Kindes gegenüber dem nicht anerkannten findet nicht statt.

6) Für die Eintragung in das Standesregister gelten:

a) Personenstandsgesetz v. 6. Februar 1875:

§. 25. Die Anerkennung eines unehelichen Kindes darf in das Geburtsregister nur dann eingetragen werden, wenn dieselbe vor dem Standesbeamten oder in einer gerichtlich oder notariell aufgenommenen Urkunde erklärt ist.

b) Vorschriften des Bundesraths v. 25. März 1899 (R.G.Bl. S. 225) §§ 14 u. 16:

§. 14. Erkennt bei der Anzeige der Geburt eines unehelichen Kindes der Anzeigende oder ein mit dem Anzeigenden Erschienener seine Vaterschaft vor dem Standesbeamten an, so hat dieser die Anerkennung in der über den Geburtsfall vorgenommenen Eintragung zu beurkunden.

Erfolgt die Anerkennung vor dem Standesbeamten nach der Anzeige der Geburt, so hat er sie am Rande der über den Geburtsfall vorgenommenen Eintragung zu beurkunden.

Den § 16 der Vorschriften s. unten bei § 1720 Anm. 6 zu b.

c) F.G.G.:

§. 71. Sind Vorgänge, die auf Antrag eines Betheiligten in dem Standesregister am Rande einer Eintragung zu vermerken sind, von einem Notar beurkundet, so gilt dieser als ermächtigt, im Namen des Betheiligten, dessen Erklärung beurkundet ist, die Eintragung des Vermerks in das Standesregister zu beantragen.

Für den Fall, daß die Anzeige n a ch der Geburt erfolgt, vgl. übrigens noch Personenstandsgesetz § 26 unten bei § 1720 Anm. 6 zu a.

Für Preußen s. endlich noch A.G. z. B.G.B. Art. 70 Abs. 2 und Verfügung v. 18. Oktober 1899 (Anlage II Nr. 1 u. 4).

Siebenter Titel. Legitimation unehelicher Kinder.

I. Legitimation durch nachfolgende Ehe.

§. 1719.

Ein uneheliches Kind erlangt dadurch, daß sich der Vater[1]) mit der Mutter verheirathet, mit der

Eheschließung[2]) die rechtliche Stellung eines ehelichen Kindes.[3])[4])

[1]) Nämlich derjenige, welcher es nach § 1720 ist.

[2]) Von selbst und Kraft Gesetzes mit diesem Zeitpunkt. Die Wirkung tritt auch dann ein, wenn die Mutter sich zunächst anderweit verheirathet und nach Auflösung der Ehe den Vater des Kindes heirathet.

Entsteht über die Frage, ob die Legitimation eingetreten ist, ein Streit, so wird darüber im Prozeßwege und zwar zutreffenden Falles nach Maßgabe der §§ 640 bis 643 C.P.O. (vgl. oben § 1705 Anm. 7) entschieden.

[3]) Die Legitimation durch nachfolgende Ehe bewirkt — im Gegensatz zu derjenigen durch Ehelichkeitserklärung (§ 1737) — in allen dem B.G.B. unterliegenden Beziehungen die volle Gleichstellung des Kindes mit einem in der Ehe geborenen und zwar beiden Eltern und allen Familiengliedern gegenüber; vgl. aber § 1705 Anm. 1, § 1706 Anm. 2, sowie wegen des Wohnsitzes § 11 Abs. 2 und wegen Aufhebung der Vormundschaft § 1883.

[4]) Hierzu G. über die Erwerbung und den Verlust der Bundes- und Staatsangehörigkeit v. 1. Juni 1870 (B.G.Bl. S. 355):

> §. 4. Ist der Vater eines unehelichen Kindes ein Norddeutscher und besitzt die Mutter nicht die Staatsangehörigkeit des Vaters, so erwirbt das Kind durch eine den gesetzlichen Bestimmungen gemäß erfolgte Legitimation die Staatsangehörigkeit des Vaters.

Vgl. hierzu oben § 11 Anm. 1 a. E.; wegen des Wohnsitzes s. § 11 Abs. 2. In Bezug auf den Unterstützungswohnsitz steht das legitimirte Kind dem ehelichen gleich. G. v. 6. Juni 1870 (B.G.Bl. S. 300) §§ 18, 19.

§. 1720.

Der Ehemann der Mutter gilt als Vater des Kindes,[1]) wenn er ihr innerhalb der im §. 1717 Abs. 2 bestimmten Empfängnißzeit beigewohnt hat, es sei denn, daß es den Umständen nach offenbar unmöglich ist,[2]) daß die Mutter das Kind aus dieser Beiwohnung empfangen hat.[3])

Erkennt der Ehemann seine Vaterschaft nach der Geburt des Kindes in einer öffentlichen Urkunde an,[4]) so wird vermuthet,[5]) daß er der Mutter innerhalb der Empfängnißzeit beigewohnt habe.[6])

[1]) Ohne Zulassung eines anderen Gegenbeweises als des im § 1720 gestatteten; vgl. Anm. 3.

[2]) Vgl. § 1717 Anm. 7.

[3]) Daß noch Jemand Anders der Mutter in der Empfängnißzeit beigewohnt hat, ist unerheblich. Der Sinn ist also: Wenn die Mutter in der Empfängnißzeit mit mehreren Männern verkehrt hat und sie heirathet demnächst einen derselben, so wird dadurch das Kind ein eheliches Kind dieses Mannes. Dies gilt selbst dann, wenn vorher die Vaterschaftsklage gegen letzteren wegen der exceptio plurium abgewiesen war oder wenn ein Anderer durch Urtheil für den außerehelichen Vater erklärt ist.

Die Legitimation findet aber nur einmal statt. Heirathet die Mutter nach Auflösung der Ehe einen anderen der früheren Konkumbenten, so wird das Kind kein Kind dieses Mannes.

[4]) Vgl. § 1718 Anm. 1—3. Die Anerkennung kann vor oder nach der Eheschließung erfolgen.

[5]) Gegenbeweis zulässig (C.P.O. § 292; derselbe steht nicht nur dem Vater, sondern Jedem, der durch die Legitimation benachtheiligt sein würde, zu.

*) Wegen der Eintragung der Legitimation in das Standesregister gilt:

a) Personenstandsgesetz v. 6. Februar 1875:

§. 26. Wenn die Feststellung der Abstammung eines Kindes erst nach Eintragung des Geburtsfalles erfolgt oder die Standesrechte durch Legitimation, Annahme an Kindesstatt oder in anderer Weise eine Veränderung erleiden, so ist dieser Vorgang, sofern er durch öffentliche Urkunden nachgewiesen wird, auf Antrag eines Betheiligten am Rande der über den Geburtsfall vorgenommenen Eintragung zu vermerken.

b) Vorschriften des Bundesraths v. 25. März 1899 (R.G.Bl. S. 225):

§. 15. Erkennt Jemand bei seiner Eheschließung mit der Mutter eines unehelichen Kindes seine Vaterschaft vor dem Standesbeamten an, so hat dieser die Anerkennung in der über die Eheschließung vorgenommenen Eintragung zu beurkunden.

Die Anerkennung gilt, wenn nicht das Gegentheil erklärt wird, zugleich als Antrag auf Beischreibung eines Vermerkes am Rande der über den Geburtsfall vorgenommenen Eintragung. Ist der Geburtsfall in dem Standesregister eines anderen Bezirkes eingetragen, so hat der Standesbeamte dem Standesbeamten dieses Bezirkes einen Auszug aus dem Heirathsregister behufs Beischreibung des Vermerkes kostenfrei zu übersenden.

§. 16. Wird vor dem Standesbeamten über die bei der Anzeige der Geburt oder bei der Eheschließung erfolgende Anerkennung der Vaterschaft auf Verlangen des Anerkennenden eine besondere Urkunde errichtet, so finden die Vorschriften des §. 14 Abs. 1 und des §. 15 keine Anwendung. In einem solchen Falle bleibt es den Betheiligten überlassen, bei dem Standesbeamten, in dessen Register der Geburtsfall eingetragen ist, die Beischreibung eines Randvermerkes nach Maßgabe des §. 26 des Gesetzes zu beantragen.

Vgl. ferner § 1718 Anm. 6 zu c und die dort zitirten preußischen Vorschriften.

§. 1721.

Ist die Ehe der Eltern[1]) nichtig, so finden die Vorschriften der §§. 1699 bis 1704[2]) entsprechende Anwendung.[3])

[1]) Nämlich die zwischen dem außerehelichen Vater und der Mutter des Kindes.

[2]) s. oben S. 58 ff.

[3]) D. h. das Kind erlangt in gleichem Maße die Stellung eines ehelichen Kindes, wie dies der Fall wäre, wenn es nach Schließung der nichtigen Ehe geboren wäre.

§. 1722.

Die Eheschließung zwischen den Eltern hat für die Abkömmlinge des unehelichen Kindes[1]) die Wirkungen der Legitimation[2]) auch dann, wenn das Kind vor der Eheschließung gestorben ist.

[1]) D. i. bei einer Tochter für die ehelichen und unehelichen Abkömmlinge, bei einem Sohn nur für die ersteren; vgl. § 1589 Anm. 3, § 1705 Anm. 6.

[2]) Insbesondere betreffs des Namens und des Erbrechts.

II. Ehelichkeitserklärung.[1]

§. 1723.

Ein uneheliches Kind[2]) kann auf Antrag seines Vaters durch eine Verfügung der Staatsgewalt für ehelich[3]) erklärt werden.

Die Ehelichkeitserklärung steht dem Bundesstaate zu, dem der Vater angehört;[4]) ist der Vater ein Deutscher, der keinem Bundesstaat angehört,[5]) so steht sie dem Reichskanzler zu.

Ueber die Ertheilung der einem Bundesstaate zustehenden Ehelichkeitserklärung hat die Landesregierung zu bestimmen.[6])

[1]) Die Ehelichkeitserklärung (legitimatio per rescriptum principis) ist hauptsächlich für solche Fälle bestimmt, in denen eine Ehe unter den Eltern nicht möglich ist (Verheirathung des einen Theiles, Tod der Mutter) oder durch billigenswerthe Rücksichten unterbleibt. Durch die Ehelichkeitserklärung soll das Kind der Mutter genommen werden und fortan dem Vater angehören.

[2]) Aber nur ein schon geborenes, nicht ein nasciturus, auch nicht bei einer etwa für den Vater bestehenden Lebensgefahr.

[3]) D. h. für ein eheliches Kind des antragenden Vaters, nicht der Mutter; vgl. § 1736 Anm. 2.

[4]) Gehört der Vater mehreren Bundesstaaten an, so ist jeder Staat zuständig.

[5]) G. betr. d. Rechtsverhältnisse d. deutschen Schutzgebiete; Fassung v. 15. März 1888 § 6 (RGBl. S. 73).

[6]) Für Preußen s. die Bestimmungen in Anlage II Nr. 2.

§. 1724.

Die Ehelichkeitserklärung kann nicht unter einer Bedingung oder einer Zeitbestimmung erfolgen.[1])

[1]) Anderenfalls ist sie nichtig.

§. 1725.

Der Antrag muß die Erklärung des Vaters enthalten, daß er das Kind als das seinige anerkenne.[1])

[1]) Form s. § 1730. — Vgl. ferner § 1726 Anm. 7, § 1735 mit Anm. 1.

§. 1726.

Zur Ehelichkeitserklärung ist die Einwilligung des Kindes[1]) und, wenn das Kind nicht das einundzwanzigste Lebensjahr vollendet hat,[2]) die Einwilligung der Mutter[3]) erforderlich. Ist der Vater verheirathet, so bedarf er auch der Einwilligung seiner Frau.[4])

Die Einwilligung hat dem Vater oder der Behörde gegenüber zu erfolgen,[5]) bei welcher der Antrag einzureichen ist;[6]) sie ist unwiderruflich.[7])

Die Einwilligung der Mutter ist nicht erforderlich, wenn die Mutter zur Abgabe einer Erklärung dauernd außer Stande oder ihr Aufenthalt dauernd unbekannt ist.[8]) Das Gleiche gilt von der Einwilligung der Frau des Vaters.

[1]) Form s. § 1730; Minderjährigkeit des Kindes s. § 1728 Abs. 2 u. § 1729 Abs. 2.

[2]) Auch wenn es für volljährig erklärt ist.

³) Form s. § 1730; im Uebrigen s. §§ 1727, 1729 Abs. 3. Die Einwilligung kann auch im Wege des Vertrages gegen eine Gegenleistung erfolgen, soweit dies nicht den guten Sitten widerspricht; vgl. § 1738 Anm. 2.

⁴) Form s. § 1730, im Uebrigen s. § 1729 Abs. 3 und § 1727 Anm. 6. Die Einwilligung anderer Verwandten, namentlich auch etwaiger ehelicher Kinder des Vaters, ist nicht erforderlich, ebenso wenig die Einwilligung des Annehmenden, wenn das Kind vorher adoptirt war; vgl. aber hierzu § 1737 Anm. 5, § 1738 Anm. 1.

⁵) Hierzu B.G.B.

§. 130. Eine Willenserklärung, die einem Anderen gegenüber abzugeben ist, wird, wenn sie in dessen Abwesenheit abgegeben wird, in dem Zeitpunkte wirksam, in welchem sie ihm zugeht. Sie wird nicht wirksam, wenn dem Anderen vorher oder gleichzeitig ein Widerruf zugeht.

Auf die Wirksamkeit der Willenserklärung ist es ohne Einfluß, wenn der Erklärende nach der Abgabe stirbt oder geschäftsunfähig wird.

Diese Vorschriften finden auch dann Anwendung, wenn die Willenserklärung einer Behörde gegenüber abzugeben ist.

§. 132 (Abs. 1). Eine Willenserklärung gilt auch dann als zugegangen, wenn sie durch Vermittelung eines Gerichtsvollziehers zugestellt worden ist. Die Zustellung erfolgt nach den Vorschriften der Civilprozeßordnung.

⁶) Welche Behörde dies ist, bestimmt sich nach Landesrecht Regelmäßig ist es die Behörde, welcher die Entscheidung oder deren Vorbereitung obliegt; in Preußen demnach sowohl der Justizminister, als das zuständige Amtsgericht (s. Anlage II Nr. 2).

⁷) Nämlich sobald sie dem Vater oder der Behörde zugegangen ist. — Der Antrag (§ 1725) ist bis zur

Ertheilung der Ehelichkeitserklärung widerruflich; vgl. aber § 1733 Anm. 3.

[8]) Ueber das Vorhandensein dieser Voraussetzungen entscheidet endgiltig die Behörde, welcher die Ehelichkeitserklärung zusteht; § 1735.

§. 1727.

Wird die Einwilligung von der Mutter verweigert, so kann[1]) sie auf Antrag des Kindes[2]) durch das Vormundschaftsgericht ersetzt werden,[3])[4]) wenn das Unterbleiben der Ehelichkeitserklärung dem Kinde zu unverhältnißmäßigem Nachtheile[5]) gereichen würde.[6])

[1]) „kann" nicht „muß"; vgl. die entgegengesetzte Ausdrucksweise im § 1308 Abs. 1 Satz 2 (oben S. 16).

[2]) beziehentlich dessen gesetzlichen Vertreters.

[3]) Hierzu F.G.G.:

§. 53. Eine Verfügung, durch die auf Antrag die Ermächtigung oder die Zustimmung eines Anderen zu einem Rechtsgeschäft ersetzt ..... wird, tritt erst mit der Rechtskraft in Wirksamkeit. Das Gleiche gilt von einer Verfügung, durch die auf Antrag des Kindes die Zustimmung der Mutter zur Ehelichkeitserklärung ihres Kindes ersetzt wird.

Bei Gefahr im Verzuge kann das Gericht die sofortige Wirksamkeit der Verfügung anordnen. Die Verfügung tritt mit der Bekanntmachung an den Antragsteller in Wirksamkeit.

§. 55 (Abs. 2). Eine Verfügung, durch welche die Zustimmung zu einer Ehelichkeitserklärung ersetzt wird, kann nicht mehr geändert werden, wenn die Ehelichkeitserklärung erfolgt ist.

§. 62. Soweit eine Verfügung nach §. 55 von dem Vormundschaftsgerichte nicht mehr geändert werden kann, ist auch das Beschwerdegericht nicht berechtigt, sie zu ändern.

Auf die Anhörung der Mutter sowie von Angehörigen findet § 1673 (s. oben S. 53) Anwendung, da das Verfahren darauf abzielt, der Mutter die Sorge für die Person zu entziehen.

[4]) Die Entscheidung muß, wenn der Mündel über 14 Jahr alt ist, auch diesem zugestellt werden, da ihm ein selbstständiges Beschwerderecht zusteht; F.G.G. § 59.

[5]) Nachtheile minder schwerer Art genügen nicht. Das der Mutter zugemuthete Opfer (vgl. § 1723 Anm. 1) muß gegen die Vortheile für das Kind sachgemäß abgewogen werden. Letztere allein sind nicht entscheidend; vgl. übrigens noch Anm. 1.

Liegen auf Seiten der Mutter die Voraussetzungen der Annahme an Kindesstatt vor (§§ 1741 ff., vgl. § 1741 Anm. 3), so kann sie durch vorherige Adoptirung die Wirkungen der Ehelichkeitserklärung abschwächen; vgl. hierzu § 1737 Anm. 5, § 1738 Anm. 1; s. aber auch § 1766 Anm. 2 u. 3.

[6]) Eine Ersetzung der Einwilligung der Frau des Vaters (§ 1726 Abs. 1 Satz 2) findet nicht statt.

§. 1728.

Der Antrag auf Ehelichkeitserklärung sowie die Einwilligung der im §. 1726 bezeichneten Personen kann nicht durch einen Vertreter erfolgen.

Ist das Kind geschäftsunfähig[1]) oder hat es nicht das vierzehnte Lebensjahr vollendet,[2]) so kann sein gesetzlicher Vertreter[3]) die Einwilligung mit Genehmigung des Vormundschaftsgerichts[4]) ertheilen.

1) B.G.B. § 104.

2) Für den Fall, daß es über 14 Jahre alt ist, s. § 1729 Abs. 2.

3) Ist die Mutter zugleich Vormund, so kann sie die Einwilligung für sich (§ 1726) und für das Kind ertheilen; vgl. § 1706 Anm. 14.

4) Die Genehmigung muß dem Vormunde gegenüber erklärt werden und zwar bevor die Einwilligung dem Vater oder der Behörde (§ 1726 Abs. 2) zugeht; B.G.B. §§ 1828, 1831.

§. 1729.

Ist der Vater in der Geschäftsfähigkeit beschränkt,[1]) so bedarf er zu dem Antrag, außer der Zustimmung seines gesetzlichen Vertreters,[2]) der Genehmigung des Vormundschaftsgerichts.[3])

Ist das Kind in der Geschäftsfähigkeit beschränkt,[4]) so gilt das Gleiche für die Ertheilung seiner Einwilligung.[5])

Ist die Mutter des Kindes oder die Frau des Vaters[6]) in der Geschäftsfähigkeit beschränkt,[7]) so ist zur Ertheilung ihrer Einwilligung die Zustimmung des gesetzlichen Vertreters nicht erforderlich.

1) B.G.B. §§ 106, 114. Bei Geschäftsunfähigkeit des Vaters (B.G.B. § 104) muß die Ehelichkeitserklärung unterbleiben.

2) Diese kann formlos erfolgen; vgl. § 1730 Anm. 1.

3) Sowohl die Zustimmung als die Genehmigung müssen dem Antrage vorausgehen; B.G.B. §§ 111, 1831.

4) Aber über 14 Jahre alt; vgl. § 1728 Abs. 2.

5) Die Einwilligung selbst muß also das Kind, nicht der Vertreter ertheilen, der letztere hat nur zuzustimmen; vgl. übrigens Anm. 2 u. 3 und § 1728 Anm. 3.

[6]) § 1726 Abs. 1.

[7]) Bei Geschäftsunfähigkeit gilt § 1726 Abs. 3.

§. 1730.

Der Antrag sowie die Einwilligungserklärung der im §. 1726 bezeichneten Personen[1]) bedarf der gerichtlichen oder notariellen Beurkundung.[2])

[1]) Aber nicht die im § 1729 Abs. 1 vorgesehene Zustimmung; vgl. § 1729 Anm. 2.

[2]) Die Einwilligungen können dem Antrage vorausgehen oder ihm nachfolgen. Die Uebermittelung der Einwilligung an den Vater oder die Behörde (§ 1726 Abs. 2) bedarf keiner Beurkundung.

§. 1731.

Ist der Antrag oder die Einwilligung einer der im §. 1726 bezeichneten Personen anfechtbar,[1]) so gelten für die Anfechtung und für die Bestätigung der anfechtbaren Erklärung[2]) die Vorschriften der §§. 1728, 1729.

[1]) B.G.B. §§ 119 ff.

[2]) B.G.B. §§ 143, 144.

§. 1732.

Die Ehelichkeitserklärung ist nicht zulässig, wenn zur Zeit der Erzeugung des Kindes die Ehe zwischen den Eltern nach §. 1310 Abs. 1[1]) wegen Verwandtschaft oder Schwägerschaft verboten war.[2])

[1]) Sei es an sich oder in Verbindung mit Abs. 3 daselbst; vgl. § 1310 Anm. 8. Dagegen ist das Eheverbot nach § 1310 Abs. 2 unschädlich.

[2]) Liberi incestuosi. Die im Ehebruch erzeugten Kinder (adulterini) sind von der Ehelichkeitserklärung nicht ausgeschlossen.

§. 1733.

Die Ehelichkeitserklärung kann nicht nach dem Tode des Kindes erfolgen.

Nach dem Tode des Vaters ist die Ehelichkeitserklärung nur zulässig, wenn der Vater den Antrag bei der zuständigen Behörde[1]) eingereicht oder bei oder nach der gerichtlichen oder notariellen Beurkundung des Antrags das Gericht oder den Notar mit der Einreichung betraut hat.[2])[3])

Die nach dem Tode des Vaters erfolgte Ehelichkeitserklärung hat die gleiche Wirkung, wie wenn sie vor dem Tode des Vaters erfolgt wäre.

[1]) Vgl. § 1726 Anm. 6.

[2]) Für die Zwischenzeit bis zur Ehelichkeitserklärung bestimmt § 2043:

> Soweit die Erbtheile wegen der zu erwartenden Geburt eines Miterben noch unbestimmt sind, ist die Auseinandersetzung bis zur Hebung der Unbestimmtheit ausgeschlossen.
>
> Das Gleiche gilt, soweit die Erbtheile deshalb noch unbestimmt sind, weil die Entscheidung über eine Ehelichkeitserklärung, über die Bestätigung einer Annahme an Kindesstatt oder über die Genehmigung einer vom Erblasser errichteten Stiftung noch aussteht.

[3]) Die Erben können weder den Auftrag, noch den Antrag selbst widerrufen.

§. 1734.

Die Ehelichkeitserklärung kann versagt werden,[1]) auch wenn ihr ein gesetzliches Hinderniß nicht entgegensteht.

[1]) Nach dem Ermessen der über dieselbe entscheidenden Behörde.

§. 1735.

Auf die Wirksamkeit der Ehelichkeitserklärung ist es ohne Einfluß, wenn der Antragsteller nicht der Vater des Kindes ist[1]) oder wenn mit Unrecht angenommen worden ist, daß die Mutter des Kindes oder die Frau des Vaters zur Abgabe einer Erklärung dauernd außer Stande oder ihr Aufenthalt dauernd unbekannt sei.[2])[3])

[1]) Wenn also die Anerkennung (§ 1725), gleichviel ob aus Irrthum oder mit Absicht, falsch abgegeben war.

[2]) § 1726 Abs. 3.

[3]) Fehlt es an einer anderen Voraussetzung der §§ 1724—1733, so ist die Ehelichkeitserklärung unwirksam.

§. 1736.

Durch die Ehelichkeitserklärung[1]) erlangt das Kind die rechtliche Stellung eines ehelichen Kindes.[2])[3])

[1]) d. h. mit dem Zeitpunkt, wo sie beiden, Vater und Kind, bekannt gemacht ist.

[2]) Aber nur seines Vaters, nicht der Mutter (§ 1723 Anm. 3). Im Verhältniß zur letzteren bleibt es ein uneheliches Kind; vgl. § 1305 Abs. 1 Satz 3, § 1741 Anm. 1, § 1747 Anm. 3, § 1845 Anm. 2, § 1899 Anm. 1.

[3]) § 1736 gilt insbesondere Betreffs elterlicher Gewalt, Unterhaltspflicht, Erbrecht und Pflichttheilsrecht; wegen der übrigen Mitglieder der väterlichen Familie s. aber § 1737. Vgl. im Uebrigen § 1705 Anm. 1, § 1719 Anm. 4, § 1720 Anm. 6. Wegen des Wohnsitzes s. § 11 Abs. 2; wegen Kollision der Ehelichkeitserklärung mit einer Adoption s. § 1737 Anm. 5.

§. 1737.

Die Wirkungen der Ehelichkeitserklärung erstrecken sich auf die Abkömmlinge des Kindes;[1]) sie erstrecken sich nicht auf die Verwandten des Vaters.[2]) Die Frau des Vaters wird nicht mit dem Kinde, der Ehegatte des Kindes wird nicht mit dem Vater verschwägert.[3]) [4])

Die Rechte und Pflichten, die sich aus dem Verwandtschaftsverhältnisse zwischen dem Kinde und seinen Verwandten[5]) ergeben, bleiben unberührt, soweit nicht das Gesetz ein Anderes vorschreibt.[6])

[1]) Auch auf die zur Zeit der Ehelichkeitserklärung bereits vorhandenen. Eine Zustimmung der letzteren ist nicht erforderlich.

[2]) Also namentlich auch nicht auf dessen andere Kinder. Das legitimirte Kind tritt zu letzteren in kein Geschwisterverhältniß; selbst die für ehelich erklärten Kinder derselben Mutter bleiben lediglich Halbgeschwister. Die Eltern des Vaters werden nicht Großeltern des Kindes. Doch müssen auch die Verwandten sich die aus der Stellung des Kindes zum Vater ergebende Verkürzung ihres Unterhalts- und Erbrechts gefallen lassen. Wegen des Erbrechts s. im Uebrigen § 1925 Anm. 2.

³) Abweichung von § 1590. Im Sinne des Ehehindernisses bestand eine Schwägerschaft unter den genannten Personen indessen schon vor der Ehelichkeitserklärung; vgl. § 1310 Anm. 13. Diese bleibt bestehen.

⁴) Die nach Satz 2 des § 1737 ausgeschlossenen Folgen können auch durch Vertrag nicht begründet werden; doch sind selbstverständlich Erbverträge nach allgemeinen Grundsätzen zulässig.

⁵) d. i. der Mutter und den mütterlichen Verwandten. Das Gleiche gilt von dem durch Adoption begründeten Verwandtschaftsverhältniß. War das Kind vorher von Jemand adoptirt, so hat es fortan die Stellung eines ehelichen, aber an Kindes Statt angenommenen Kindes (§§ 1757 ff.).

⁶) §§ 1738, 1739; vgl. auch § 1305 Abs. 1 Satz 3.

§. 1738.

Mit der Ehelichkeitserklärung verliert die Mutter das Recht und die Pflicht, für die Person des Kindes zu sorgen.¹)²) Hat sie dem Kinde Unterhalt zu gewähren,³) so treten Recht und Pflicht wieder ein,⁴) wenn die elterliche Gewalt des Vaters endigt⁵) oder wenn sie wegen Geschäftsunfähigkeit des Vaters⁶) oder nach §. 1677⁷) ruht.⁸)

¹) d. h. das aus § 1707 Satz 2 folgende Recht. Hatte die Mutter das Kind adoptirt (§ 1741 Anm. 3), so behält sie die durch die Adoption begründete elterliche Gewalt (§ 1757 Anm. 2); vgl. § 1737 Anm. 5.

²) Die Rechte aus § 1707 Satz 2 verliert die Mutter vollständig; sie übt sie auch nicht neben dem Vater; vgl. § 1723 Anm. 1. Ein Recht der Mutter auf Verkehr mit dem Kind ist gleichfalls nicht anerkannt. Es ist indessen zulässig, im Wege des Vertrages ein solches zu bedingen; vgl. § 1726 Anm. 3.

[3]) Weil der Vater todt oder unvermögend ist. Aber nur, wenn der Unterhalt thatsächlich beansprucht wird, nicht wenn das Kind von eigenem Vermögen lebt.

[4]) Und zwar im Umfange des § 1707 Satz 2.

[5]) Tod des Vaters, Todeserklärung (§ 1679) und Verwirkung (§ 1680).

[6]) § 1676 Abs. 1.

[7]) d. i. wenn vom Vormundschaftsgericht festgestellt wird, daß der Vater auf längere Zeit an der Ausübung der elterlichen Gewalt thatsächlich verhindert ist. Aber nicht, wenn das Ruhen in Folge beschränkter Geschäftsfähigkeit oder wegen Gebrechlichkeit eintritt (§ 1676 Abs. 2), weil hier noch gewisse Rechte des Vaters bestehen bleiben.

[8]) Das Recht auf Einwilligung in die Eheschließung lebt auch in den Fällen des § 1738 nicht wieder auf; § 1305 Abs. 1 Satz 3. Wegen Einwilligung in eine spätere Annahme an Kindes Statt s. § 1747 Anm. 3.

§. 1739.

Der Vater ist dem Kinde und dessen Abkömmlingen vor der Mutter und den mütterlichen Verwandten zur Gewährung des Unterhalts verpflichtet.[1])

[1]) Betreffs des Kindes übereinstimmend mit § 1606 Abs. 2 Satz 2, betreffs der Abkömmlinge aber abweichend von Abs. 2 Satz 1 ebenda. Vgl. ferner § 1766 Anm. 2 u. 3.

§. 1740.

Will der Vater eine Ehe eingehen,[1]) während er die elterliche Gewalt über das Kind hat, so finden die Vorschriften der §§. 1669 bis 1671[2]) Anwendung.

¹) Wenn der Vater schon einmal verheirathet war und es sich um eine neue Ehe handelt, dann folgt die Anwendung der §§ 1669—1671 schon aus dem Wortlaute letzterer Vorschriften. § 1740 dehnt die Vorschriften auch auf den Fall aus, wenn es sich um die Eingehung der ersten Ehe handelt.

²) Die Vorschriften betreffen die Auseinandersetzung mit dem Kinde. Auch § 1314 (s. oben S. 19) findet Anwendung.

Achter Titel. Annahme an Kindesstatt.

§. 1741.

Wer keine ehelichen Abkömmlinge¹)²) hat, kann durch Vertrag mit einem Anderen³) diesen an Kindesstatt annehmen. Der Vertrag bedarf der Bestätigung durch das zuständige Gericht.

¹) Uneheliche Abkömmlinge sind kein Hinderungsgrund, auch nicht für eine Frau; vgl. § 1705 Anm. 6. Die Existenz eines für ehelich erklärten Kindes hindert den Vater, aber nicht die Mutter an der Adoption; vgl. § 1736 Anm. 2.

²) „Eheliche" Abkömmlinge sind solche, die nur durch eheliche Zeugung von dem Adoptirenden abstammen. Eine Frau, die eine uneheliche Tochter hat, kann adoptiren, auch wenn die Tochter eheliche Kinder hat. Eine Frau, die nur eine eheliche, aber verstorbene, Tochter hat, kann adoptiren, auch wenn von dieser Tochter ein uneheliches Kind vorhanden ist.

³) Der Andere kann auch das eigene uneheliche Kind sein. Auch eine Frau kann ihr eigenes uneheliches Kind zum Zwecke der Erlangung der elterlichen Gewalt (vgl. § 1757 Anm. 1—3) an Kindes Statt annehmen; vgl. aber wegen des Unterhaltsanspruchs in diesem Falle § 1766 Anm. 2 u. 3 und § 1772 Anm. 1.

§. 1742.

Die Annahme an Kindesstatt kann nicht unter einer Bedingung oder einer Zeitbestimmung erfolgen.

§. 1743.

Das Vorhandensein eines angenommenen Kindes steht einer weiteren Annahme an Kindesstatt nicht entgegen.

§. 1744.

Der Annehmende muß das fünfzigste Lebensjahr vollendet haben und mindestens achtzehn Jahre älter sein als das Kind.

§. 1745.

Von den Erfordernissen des §. 1744 kann Befreiung bewilligt werden, von der Vollendung des fünfzigsten Lebensjahrs jedoch nur, wenn der Annehmende volljährig ist.

Die Bewilligung steht dem Bundesstaate zu, dem der Annehmende angehört; ist der Annehmende ein Deutscher, der keinem Bundesstaat angehört, so steht die Bewilligung dem Reichskanzler zu.

Ueber die Ertheilung der einem Bundesstaate zustehenden Bewilligung hat die Landesregierung zu bestimmen.[1])

[1]) Vgl. § 1723 Anm. 4—6.

§. 1746.

Wer verheirathet ist, kann nur mit Einwilligung seines Ehegatten an Kindesstatt annehmen oder angenommen werden.

Die Einwilligung ist nicht erforderlich, wenn der Ehegatte zur Abgabe einer Erklärung dauernd außer Stande oder sein Aufenthalt dauernd unbekannt ist.

§. 1747.

Ein eheliches Kind kann bis zur Vollendung des einundzwanzigsten Lebensjahrs nur mit Einwilligung der Eltern,[1]) ein uneheliches Kind kann bis zum gleichen Lebensalter[2]) nur mit Einwilligung der Mutter[3])[4]) an Kindesstatt angenommen werden. Die Vorschrift des §. 1746 Abs. 2 findet entsprechende Anwendung.

[1]) Beider Eltern.

[2]) Auch wenn es für volljährig erklärt ist.

[3]) Ein für ehelich erklärtes Kind bedarf als eheliches Kind des Vaters und als uneheliches Kind der Mutter der Einwilligung beider Eltern; vgl. § 1736 Anm. 2.

[4]) Ueber die Einwilligung des Vormundes s. § 1751.

§. 1748.

Die Einwilligung der in den §§. 1746, 1747 bezeichneten Personen hat dem Annehmenden oder dem Kinde oder dem für die Bestätigung des Annahmevertrags zuständigen Gerichte gegenüber zu erfolgen; sie ist unwiderruflich.[1])

Die Einwilligung kann nicht durch einen Vertreter ertheilt werden. Ist der Einwilligende in der Geschäftsfähigkeit beschränkt, so bedarf er nicht der Zustimmung seines gesetzlichen Vertreters.[2])

Die Einwilligungserklärung bedarf der gerichtlichen oder notariellen Beurkundung.

[1]) Vgl. § 1726 Anm. 5 u. 7.

[2]) Die minderjährige Mutter des unehelichen Kindes befindet also selbstständig über die Ertheilung der Einwilligung.

§. 1749.

Als gemeinschaftliches Kind kann ein Kind nur von einem Ehepaar angenommen werden.

Ein angenommenes Kind kann, solange das durch die Annahme begründete Rechtsverhältniß besteht, nur von dem Ehegatten des Annehmenden an Kindesstatt angenommen werden.[1])

[1]) Vgl. hierzu § 1757 Abs. 2.

§. 1750.

Der Annahmevertrag kann nicht durch einen Vertreter geschlossen werden. Hat das Kind nicht das vierzehnte Lebensjahr vollendet, so kann sein gesetzlicher Vertreter den Vertrag mit Genehmigung des Vormundschaftsgerichts schließen.[1])

Der Annahmevertrag muß bei gleichzeitiger Anwesenheit beider Theile vor Gericht oder vor einem Notar geschlossen werden.

[1]) Vgl. § 1728 Anm. 3.

§. 1751.

Ist der Annehmende in der Geschäftsfähigkeit beschränkt, so bedarf er zur Eingehung des Vertrags, außer der Zustimmung seines gesetzlichen Vertreters,[1]) der Genehmigung des Vormundschaftsgerichts.

Das Gleiche gilt für das Kind, wenn es in der Geschäftsfähigkeit beschränkt ist.

[1]) Vgl. § 1729 Anm. 2.

§. 1752.

Will ein Vormund seinen Mündel an Kindesstatt annehmen, so soll das Vormundschaftsgericht die Genehmigung nicht ertheilen, solange der Vormund im Amte ist. Will Jemand seinen früheren Mündel an Kindesstatt annehmen, so soll das Vormundschaftsgericht die Genehmigung nicht ertheilen, bevor er über seine Verwaltung Rechnung gelegt und das Vorhandensein des Mündelvermögens nachgewiesen hat.

Das Gleiche gilt, wenn ein zur Vermögensverwaltung bestellter Pfleger seinen Pflegling oder seinen früheren Pflegling an Kindesstatt annehmen will.

§. 1753.

Die Bestätigung des Annahmevertrags kann nicht nach dem Tode des Kindes erfolgen.

Nach dem Tode des Annehmenden ist die Bestätigung nur zulässig, wenn der Annehmende oder das Kind den Antrag auf Bestätigung bei dem zuständigen Gericht eingereicht oder bei oder nach der gerichtlichen oder notariellen Beurkundung des Vertrags das Gericht oder den Notar mit der Einreichung betraut hat.

Die nach dem Tode des Annehmenden erfolgte Bestätigung hat die gleiche Wirkung, wie wenn sie vor dem Tode erfolgt wäre.

§. 1754.

Die Annahme an Kindesstatt tritt mit der Bestätigung in Kraft.[1] Die Vertragschließenden sind schon vor der Bestätigung gebunden.

Die Bestätigung ist nur zu versagen, wenn ein gesetzliches Erforderniß der Annahme an Kindesstatt fehlt. Wird die Bestätigung endgültig versagt, so verliert der Vertrag seine Kraft.

[1]) Vgl. § 1720 Anm. 6 zu a.

§. 1755.

Ist der Annahmevertrag oder die Einwilligung einer der in den §§. 1746, 1747 bezeichneten Personen anfechtbar, so gelten für die Anfechtung und für die Bestätigung des anfechtbaren Rechtsgeschäfts die Vorschriften des §. 1748 Abs. 2, des §. 1750 Abs. 1 und des §. 1751.

§. 1756.

Auf die Wirksamkeit der Annahme an Kindesstatt ist es ohne Einfluß, wenn bei der Bestätigung des Annahmevertrags mit Unrecht angenommen worden ist, daß eine der in den §§. 1746, 1747 bezeichneten Personen zur Abgabe einer Erklärung dauernd außer Stande oder ihr Aufenthalt dauernd unbekannt sei.

§. 1757.

Durch die Annahme an Kindesstatt erlangt das Kind die rechtliche Stellung eines ehelichen Kindes[1]) des Annehmenden.[2])[3])

Wird von einem Ehepaare gemeinschaftlich ein Kind angenommen oder nimmt ein Ehegatte ein Kind des anderen Ehegatten[4]) an, so erlangt das Kind die rechtliche Stellung eines gemeinschaftlichen ehelichen Kindes der Ehegatten.[5])[6])

[1]) Insbesondere also in Bezug auf elterliche Gewalt, Unterhaltspflicht und Erbrecht. Ausnahmen s. in §§ 1759, 1766.

Wegen des Namens s. § 1758, wegen des Wohnsitzes § 11 Abs. 2, wegen der Einwilligung in die Eheschließung § 1306; wegen Unterhalts eines adoptirten unehelichen Kindes s. § 1766, wegen Konkurrenz der Adoption mit der Ehelichkeitserklärung s. § 1737 Anm. 5.

[2]) Gleichviel ob dieser ein Mann oder eine Frau ist. Der annehmende Mann übt die elterliche Gewalt nach den Grundsätzen für den Vater (§§ 1627 ff.); die annehmende Frau übt sie nach den Grundsätzen für die Mutter (§§ 1686 ff.) und zwar wenn sie verheirathet ist selbstständig und ohne den Ehemann.

[3]) Die Mutter des unehelichen Kindes kann sonach durch Adoptirung des letzteren (vgl. § 1741 Anm. 3) die elterliche Gewalt und damit zugleich das Recht zu letztwilligen Anordnungen über die Bevormundung (B.G.B. §§ 1777, 1782, 1797, 1856, 1868, 1880) erlangen und zwar gleichviel, ob sie verheirathet ist oder nicht (wegen Zustimmung des Mannes s. aber § 1746). Sie erhält in diesem Falle sogar größere Rechte als die eheliche Mutter, weil ihr die elterliche Gewalt durch Heirath nicht verloren geht; s. § 1761 Anm. 2.

[4]) Und zwar entweder ein eheliches Kind eines der Ehegatten oder ein uneheliches Kind der Frau, nicht aber ein uneheliches Kind des Mannes (§ 1589 Anm. 3). Ueber die Stellung des letzteren s. unten Anm. 6 zu d.

[5]) Ohne daß der andere Ehegatte als Annehmender thätig ist. Doch muß er einwilligen (§ 1746).

[6]) Handelt es sich um Annahme des unehelichen Kindes eines der Ehegatten, so können folgende Fälle eintreten:

a) Das Kind wird von beiden Ehegatten gemeinschaftlich angenommen, dann erhält es die Stellung eines gemeinschaftlichen ehelichen Kindes und den Familiennamen des Mannes (§ 1758 Abs. 1 Satz 3), gleichviel, ob es ein Kind der Frau oder des Mannes ist. Der gleiche Erfolg tritt auch ein, wenn anfänglich nur einer der Ehegatten und später der andere adoptirt (§ 1749 Abs. 2).

b) Der Mann allein nimmt das uneheliche Kind der Frau an, dann tritt der gleiche Erfolg ein. Der Mann übt die elterliche Gewalt des Vaters (§§ 1627 ff.), die Frau diejenige der Mutter (§§ 1634, 1684 ff.). Die Rechte der Frau verringern sich also in diesem Falle während der Dauer der elterlichen Gewalt des Mannes, vergrößern sich aber nach deren Fortfall; s. Anm. 3.

c) Die Frau allein nimmt ihr uneheliches Kind an, dann tritt das Kind nur zu ihr in die Stellung des ehelichen und behält seinen bisherigen Namen (§ 1758 Abs. 1 Satz 2); der Mann ist an der Ausübung der elterlichen Gewalt nicht betheiligt; s. Anm. 2.

d) Die Frau allein nimmt das uneheliche Kind des Mannes an, dann erhält das Kind den Mädchennamen der Frau; im Uebrigen gilt das Gleiche wie zu c; s. Anm. 2 und § 1758 Abs. 1 Satz 2.

e) Der Mann allein nimmt sein uneheliches Kind an, dann tritt das Kind nur zu ihm in die Stellung des ehelichen und erhält den Namen des Mannes. Die Frau ist an der Ausübung der elterlichen Gewalt weder bei Lebzeiten des Mannes noch später betheiligt.

Ueber die Unterhaltspflicht in diesen Fällen s. § 1766 Anm. 3.

Wegen des Namens vgl. übrigens noch § 1758 Anm. 1.

§. 1758.

Das Kind erhält den Familiennamen des Annehmenden.[1]) Wird das Kind von einer Frau angenommen, die in Folge ihrer Verheirathung einen anderen Namen führt,[2]) so erhält es den Familiennamen, den die Frau vor der Verheirathung geführt hat.[3]) In den Fällen des §. 1757 Abs. 2 erhält das Kind den Familiennamen des Mannes.[4])

Das Kind darf dem neuen Namen seinen früheren Familiennamen hinzufügen, sofern nicht in dem Annahmevertrag ein Anderes bestimmt ist.

[1]) Wenn es ein weibliches Kind ist und verheirathet ist oder war, so erhält es diesen Namen nur an Stelle des Mädchennamens, nicht an Stelle des Namens des Mannes.

[2]) Gleichviel ob sie verheirathet, Wittwe oder geschieden ist.

³) d. i. den Mädchennamen. Bei Adoptirung des eigenen unehelichen Kindes durch die Mutter behält das Kind also den bisherigen Namen. Doch würde es ihn zu wechseln haben, wenn ihm inzwischen auf Grund des § 1706 Abs. 2 ein anderer Name beigelegt worden ist; vgl. übrigens Anm. 1. — Wegen des Adels der Mutter vgl. noch § 1706 Anm. 2 und für Preußen A.L.R. II 2 §§ 684, 685.

⁴) Vgl. § 1757 Anm. 6.

§. 1759.

Durch die Annahme an Kindesstatt wird ein Erbrecht für den Annehmenden nicht begründet.

§. 1760.

Der Annehmende hat über das Vermögen des Kindes, soweit es auf Grund der elterlichen Gewalt seiner Verwaltung unterliegt, auf seine Kosten ein Verzeichniß aufzunehmen und dem Vormundschaftsgericht einzureichen;[1]) er hat das Verzeichniß mit der Versicherung der Richtigkeit und Vollständigkeit zu versehen. Ist das eingereichte Verzeichniß ungenügend, so findet die Vorschrift des §. 1640 Abs. 2 Satz 1 Anwendung.

Erfüllt der Annehmende die ihm nach Abs. 1 obliegende Verpflichtung nicht, so kann ihm das Vormundschaftsgericht die Vermögensverwaltung entziehen. Die Entziehung kann jederzeit wieder aufgehoben werden.

[1]) Im Falle von § 1757 Anm. 6 liegt die Inventarisirungspflicht demjenigen Ehegatten ob, welcher die elterliche Gewalt übt.

§. 1761.

Will der Annehmende eine Ehe eingehen, während er die elterliche Gewalt über das Kind hat, so finden die Vorschriften der §§. 1669 bis 1671 Anwendung.[1][2]

[1]) Vgl. § 1740 Anm. 1 u. 2.

[2]) Keine Anwendung findet die Bestimmung im § 1697 („Die Mutter verliert die elterliche Gewalt, wenn sie eine neue Ehe eingeht"). Eine annehmende Frau behält vielmehr die elterliche Gewalt, auch wenn sie sich verheirathet, weil diese Gewalt unabhängig von der Ehe besteht und auch innerhalb letzterer als selbstständiges Recht der Frau geübt wird; vgl. § 1757 Anm. 2. Ist die einzugehende Ehe eine erste, so führt übrigens auch der Wortlaut des § 1697 nicht zum Verlust der elterlichen Gewalt; eine verschiedenartige Behandlung der ersten und der späteren Ehe aber würde innerlich unberechtigt sein. Eine Konsequenz hiervon für das uneheliche Kind s. in § 1757 Anm. 3.

§. 1762.

Die Wirkungen der Annahme an Kindesstatt erstrecken sich auf die Abkömmlinge des Kindes.[1]) Auf einen zur Zeit des Vertragsabschlusses schon vorhandenen Abkömmling und dessen später geborene Abkömmlinge erstrecken sich die Wirkungen nur, wenn der Vertrag auch mit dem schon vorhandenen Abkömmlinge geschlossen wird.

[1]) Auch auf die unehelichen Abkömmlinge, falls das Kind eine Frau, nicht aber, falls es ein Mann ist; § 1589 Anm. 3, § 1705 Anm. 6.

§. 1763.

Die Wirkungen der Annahme an Kindesstatt erstrecken sich nicht auf die Verwandten des Annehmenden. Der Ehegatte des Annehmenden wird nicht mit dem Kinde, der Ehegatte des Kindes wird nicht mit dem Annehmenden verschwägert.

§. 1764.

Die Rechte und Pflichten, die sich aus dem Verwandtschaftsverhältnisse zwischen dem Kinde und seinen Verwandten ergeben, werden durch die Annahme an Kindesstatt nicht berührt, soweit nicht das Gesetz ein Anderes vorschreibt.[1])

[1]) Ueber den Unterhaltsanspruch s. § 1766.

§. 1765.

Mit der Annahme an Kindesstatt verlieren die leiblichen Eltern die elterliche Gewalt über das Kind, die uneheliche Mutter das Recht und die Pflicht, für die Person des Kindes zu sorgen.[1])

Hat der Vater oder die Mutter dem Kinde Unterhalt zu gewähren, so treten das Recht und die Pflicht, für die Person des Kindes zu sorgen, wieder ein, wenn die elterliche Gewalt des Annehmenden endigt oder wenn sie wegen Geschäftsunfähigkeit des Annehmenden oder nach §. 1677 ruht.[2]) Das Recht zur Vertretung des Kindes tritt nicht wieder ein.[3])

[1]) Vgl. § 1738 Anm. 2. — Der § 1765 bezieht sich nicht auf den Fall, wenn ein uneheliches Kind von der leiblichen Mutter oder dem Stiefvater adoptirt wird. Ueber diese Fälle s. § 1757 Anm. 6.

[2]) Vgl. § 1738 Anm. 3—7. Auch die Aufhebung der Annahme (§ 1768) gehört hierher.

Ueber die Einwilligung in die Eheschließung in diesem Falle s. § 1306.

[3]) Der unehelichen Mutter steht ein solches Recht ohnehin nicht zu; § 1707 Satz 2.

§. 1766.

Der Annehmende ist dem Kinde und denjenigen Abkömmlingen des Kindes, auf welche sich die Wirkungen der Annahme erstrecken,[1]) vor den leiblichen Verwandten des Kindes[2]) [3]) zur Gewährung des Unterhalts verpflichtet.

Der Annehmende steht im Falle des §. 1611 Abs. 2[4]) den leiblichen Verwandten der aufsteigenden Linie gleich.

[1]) § 1762.

[2]) Zu den leiblichen Verwandten gehört im Sinne der Unterhaltspflicht auch der Vater des unehelichen Kindes; vgl. § 1589 Anm. 4 a. E. Die Unterhaltspflicht des letzteren fällt also fort, soweit der Annehmende für den Unterhalt leistungsfähig ist. Dies gilt übrigens auch im Falle der Ehelichkeitserklärung, gleichviel ob die letztere der Adoptirung vorausgeht oder nachfolgt.

[3]) Die Grundsätze in Anm. 2 gelten auch dann, wenn eine Frau ihr eigenes uneheliches Kind annimmt (§ 1741 Anm. 3). Hier kehrt sich der Grundsatz des § 1709 um: die Mutter (aber nicht deren Verwandte) wird vor dem Vater unterhaltspflichtig. Ebenso wenn

eine Frau das uneheliche Kind ihres Mannes annimmt (vgl. § 1757 Anm. 6 zu d). Hier wird die Frau vor dem Manne unterhaltspflichtig. Wird dagegen ein uneheliches Kind der Frau von dem Manne angenommen (§ 1757 Anm. 6 zu b), dann ist in erster Reihe der annehmende Ehemann, in zweiter der außereheliche Vater, in dritter die Mutter unterhaltspflichtig. Wird ein uneheliches Kind eines der Ehegatten von beiden Ehegatten angenommen (§ 1757 Anm. 6 zu a), dann steht in erster Reihe der annehmende Ehemann, in zweiter Reihe die annehmende Frau (§ 1606 Abs. 2 Satz 2 mit § 1757 Abs. 2), in dritter Reihe (wenn es sich um ein Kind der Frau handelt) der außereheliche Vater.

Vgl. übrigens § 1772 Anm. 1 a. E.

*) s. oben S. 39.

§. 1767.

In dem Annahmevertrage kann die Nutznießung des Annehmenden an dem Vermögen des Kindes sowie das Erbrecht des Kindes dem Annehmenden gegenüber ausgeschlossen werden.

Im Uebrigen können die Wirkungen der Annahme an Kindesstatt in dem Annahmevertrage nicht geändert werden.

§. 1768.

Das durch die Annahme an Kindesstatt begründete Rechtsverhältniß kann wiederaufgehoben werden. Die Aufhebung kann nicht unter einer Bedingung oder einer Zeitbestimmung erfolgen.

Die Aufhebung erfolgt durch Vertrag zwischen dem Annehmenden, dem Kinde und denjenigen Abkömmlingen des Kindes, auf welche sich die Wirkungen der Annahme erstrecken.[1])

Hat ein Ehepaar gemeinschaftlich ein Kind angenommen oder hat ein Ehegatte ein Kind des anderen Ehegatten angenommen,[2]) so ist zu der Aufhebung die Mitwirkung beider Ehegatten[3]) erforderlich.[4])

[1]) § 1762. — Vgl. außerdem § 1770 Anm. 1 und § 1772 Anm. 1.

[2]) § 1757 Abs. 2. Aber nicht in dem Falle, wenn ein Ehegatte sein eigenes uneheliches Kind angenommen hat; vgl. § 1770 Anm. 1.

[3]) Und zwar als Vertragschließender, nicht im Wege bloßer Einwilligung.

[4]) Ueber die Wirkung der Aufhebung in diesen Fällen s. § 1772 Anm. 4.

§. 1769.

Nach dem Tode des Kindes können die übrigen Betheiligten das zwischen ihnen bestehende Rechtsverhältniß durch Vertrag aufheben. Das Gleiche gilt in den Fällen des §. 1757 Abs. 2 nach dem Tode eines der Ehegatten.

§. 1770.

Die für die Annahme an Kindesstatt geltenden Vorschriften des §. 1741 Satz 2 und der §§. 1750, 1751, 1753 bis 1755 gelten auch für die Aufhebung.[1])

[1]) Nicht anwendbar sind §§ 1746, 1747. Die Zustimmung der Mutter des unehelichen Kindes ist sonach

zwar für die Annahme, aber nicht für deren Wiederaufhebung erforderlich. Ebenso bedarf ein Ehegatte, welcher sein eigenes uneheliches Kind angenommen hat, zur Wiederaufhebung nicht der Einwilligung des anderen Ehegatten; vgl. § 1768 Anm. 2.

§. 1771.

Schließen Personen, die durch Annahme an Kindesstatt verbunden sind, der Vorschrift des §. 1311 zuwider eine Ehe, so tritt mit der Eheschließung die Aufhebung des durch die Annahme zwischen ihnen begründeten Rechtsverhältnisses ein.

Ist die Ehe nichtig, so wird, wenn dem einen Ehegatten die elterliche Gewalt über den anderen zusteht, diese mit der Eheschließung verwirkt. Die Verwirkung tritt nicht ein, wenn die Nichtigkeit der Ehe auf einem Formmangel beruht und die Ehe nicht in das Heirathsregister eingetragen worden ist.

§. 1772.

Mit der Aufhebung der Annahme an Kindesstatt verlieren das Kind und diejenigen Abkömmlinge des Kindes, auf welche sich die Aufhebung erstreckt, das Recht, den Familiennamen des Annehmenden zu führen.[1][2] Diese Vorschrift findet in den Fällen des §. 1757 Abs. 2[3]) keine Anwendung, wenn die Aufhebung nach dem Tode eines der Ehegatten erfolgt.[4]

[1]) Ueber die sonstigen Wirkungen der Aufhebung s. § 1765 Abs. 2 mit Anm. 2. Ein angenommenes un-

eheliches Kind tritt demnach bei der Wiederaufhebung in seine frühere Rechtsstellung zurück. Die Unterhaltspflicht des unehelichen Vaters (vgl. § 1766 Anm. 2) tritt wieder voll in Kraft, ohne daß dessen Zustimmung erforderlich wäre. Die Mutter, welche ihr eigenes uneheliches Kind angenommen hat, hat sonach bei Verschlechterung ihrer Vermögenslage ein Mittel, sich wieder an den Vater des Kindes zu halten.

[2]) Ueber die Einwilligung bei der Eheschließung in diesem Falle s. § 1306.

[3]) Gemeinschaftliche Annahme durch ein Ehepaar oder Annahme des Kindes eines Ehegatten seitens des Andern; vgl. § 1757 Anm. 6 zu a, b u. d.

[4]) In diesem Falle führt das Kind den durch die Annahme erworbenen Familiennamen trotz der Wiederaufhebung weiter.

Dritter Abschnitt. Vormundschaft.

Erster Titel. Vormundschaft über Minderjährige.

I. Anordnung der Vormundschaft.

§. 1773.

Ein Minderjähriger erhält einen Vormund, wenn er nicht unter elterlicher Gewalt steht[1]) oder wenn die Eltern weder in den die Person noch in den das Vermögen betreffenden Angelegenheiten zur Vertretung des Minderjährigen berechtigt sind.[2])

Ein Minderjähriger erhält einen Vormund auch dann, wenn sein Familienstand nicht zu ermitteln ist.

[1]) Ein uneheliches Kind also immer, § 1707. — Für Anstaltspfleglinge und für uneheliche Kinder ist indessen in erheblichem Umfange eine gesetzliche Vormundschaft

von Anstaltsvorständen oder Beamten zugelassen; s. hierüber E.G. z. B.G.B. Art. 136, vgl. ferner Preuß. A.G. z. B.G.B. Art. 78 (Anlage II Nr. 1).

[2]) Hierzu F.G.G.:

§. 48. Wird bei einem Standesbeamten . . . die Geburt eines unehelichen Kindes oder die Auffindung eines Minderjährigen, dessen Familienstand nicht zu ermitteln ist, angezeigt . . . ., so hat der Standesbeamte hiervon dem Vormundschaftsgericht Anzeige zu machen.

§. 1775.

Das Vormundschaftsgericht soll, sofern nicht besondere Gründe für die Bestellung mehrerer Vormünder vorliegen, für den Mündel und, wenn mehrere Geschwister[1]) zu bevormunden sind, für alle Mündel nur einen Vormund bestellen.

[1]) Gilt auch für uneheliche Geschwister von derselben Mutter (§ 1705 Anm. 5), aber immer nur dann, wenn für alle Geschwister gleichzeitig ein Vormund zu bestellen ist. Hat eins der unehelichen Kinder bereits einen Vormund, so ist es nicht geboten, bei der Geburt eines zweiten Kindes dieselbe Person als Vormund für das letztere zu bestellen.

§. 1776.

Als Vormünder sind in nachstehender Reihenfolge berufen;

1. wer von dem Vater des Mündels[1]) als Vormund benannt ist;
2. wer von der ehelichen Mutter des Mündels als Vormund benannt ist;[2])

3. der Großvater des Mündels von väterlicher Seite;[3])
4. der Großvater des Mündels von mütterlicher Seite.[4])

Die Großväter sind nicht berufen, wenn der Mündel von einem Anderen als dem Ehegatten seines Vaters oder seiner Mutter an Kindesstatt angenommen ist.[5]) Das Gleiche gilt, wenn derjenige, von welchem der Mündel abstammt, von einem Anderen als dem Ehegatten seines Vaters oder seiner Mutter an Kindesstatt angenommen ist und die Wirkungen der Annahme sich auf den Mündel erstrecken.[6])

[1]) Ziffer 1 findet auf das uneheliche Kind keine Anwendung (§ 1589 Anm. 3), wohl aber auf das für ehelich erklärte Kind (§ 1736).

[2]) Ziffer 2 findet auf das uneheliche Kind keine Anwendung (§ 1705 Anm. 6 a. E., vgl. auch § 1777 mit § 1707) und auch nicht auf das für ehelich erklärte Kind; § 1736 Anm. 2. — Die uneheliche Mutter erwirbt das Recht nach Ziffer 2, wenn sie das Kind adoptirt; vgl. § 1741 Anm. 3, § 1757.

[3]) Ziffer 3 findet auf das uneheliche Kind keine Anwendung (§ 1589 Anm. 3) und auch nicht auf das für ehelich erklärte (§ 1737 Anm. 2).

[4]) Ziffer 4 findet auch bei der Bevormundung unehelicher Kinder Anwendung (§ 1705 Anm. 6); über die Bevorzugung der Mutter vor dem Großvater s. § 1778 Abs. 3.

[5]) Auf das uneheliche Kind angewendet heißt dies: Wenn das Kind von Jemand an Kindes Statt angenommen ist und demnächst seine Bevormundung nöthig

wird, so ist der mütterliche Großvater nicht berufen, ausgenommen wenn die Adoption vom Stiefvater des Kindes erfolgt; vgl. über letzteren Fall § 1757 Abs. 2. Es beruht wohl auf Versehen, daß nicht auch der Fall ausgenommen ist, wenn die Mutter selbst das uneheliche Kind adoptirt hat; vgl. § 1741 Anm. 3. Hier kann die Mutter nur auf dem Wege des § 1776 Nr. 2 den Großvater berufen.

[6]) § 1762.

§. 1777.

Der Vater kann einen Vormund nur benennen, wenn ihm zur Zeit seines Todes die elterliche Gewalt über das Kind zusteht; er hat dieses Recht nicht, wenn er in den die Person oder in den das Vermögen betreffenden Angelegenheiten nicht zur Vertretung des Kindes berechtigt ist. Das Gleiche gilt für die Mutter.[1])

Der Vater kann für ein Kind, das erst nach seinem Tode geboren wird, einen Vormund benennen, wenn er dazu berechtigt sein würde, falls das Kind vor seinem Tode geboren wäre.

Die Benennung des Vormundes erfolgt durch letztwillige Verfügung.

[1]) Auf die uneheliche Mutter nicht anwendbar; vgl. § 1776 Anm. 2 und § 1707.

§. 1778.

Wer nach §. 1776 als Vormund berufen ist, darf ohne seine Zustimmung nur übergangen werden, wenn er nach den §§. 1780 bis 1784 nicht zum Vormunde bestellt werden kann oder soll oder wenn er an der Uebernahme der Vormundschaft verhindert ist oder die Uebernahme verzögert oder wenn seine Bestellung das Interesse des Mündels gefährden würde.

Ist der Berufene nur vorübergehend verhindert, so hat ihn das Vormundschaftsgericht nach dem Wegfalle des Hindernisses auf seinen Antrag an Stelle des bisherigen Vormundes zum Vormunde zu bestellen.

Für eine Ehefrau darf der Mann vor den nach §. 1776 Berufenen, für ein uneheliches Kind darf die Mutter vor dem Großvater zum Vormunde bestellt werden.[1] [2] [3]

Neben dem Berufenen darf nur mit dessen Zustimmung ein Mitvormund bestellt werden.

[1]) Ohne indessen ein Recht auf diese Bestellung zu haben; daher auch kein Beschwerderecht wegen ihrer Uebergehung; F.G.G. § 20. Der Großvater hat ein Beschwerderecht, wenn ihm ein Anderer, nicht aber wenn ihm die Mutter vorgezogen ist.

[2]) Ist eine uneheliche Tochter verheirathet, so darf sowohl der Mann als die Mutter — nach Auswahl des Gerichts — vorgezogen werden. Mann und Mutter haben kein Beschwerderecht; wegen des Großvaters s. Anm. 1.

[3]) Die Rechte des Abs. 3 stehen der unehelichen Mutter auch im Falle ihrer Verheirathung zu (indessen Zustimmung des Mannes nach § 1783 erforderlich). Sie sind sonach größer als die der ehelichen Mutter, welche im Falle ihrer Verheirathung nicht vor den Großvätern berufen werden darf.

§. 1779.

Ist die Vormundschaft nicht einem nach §. 1776 Berufenen zu übertragen, so hat das Vormundschaftsgericht nach Anhörung des Gemeindewaisenraths den Vormund auszuwählen.

Das Vormundschaftsgericht soll eine Person auswählen, die nach ihren persönlichen Verhältnissen und ihrer Vermögenslage sowie nach den sonstigen Umständen zur Führung der Vormundschaft geeignet ist. Bei der Auswahl ist auf das religiöse Bekenntniß des Mündels Rücksicht zu nehmen. Verwandte und Verschwägerte[1]) des Mündels sind zunächst zu berücksichtigen.[2])

[1]) Begriff für das uneheliche Kind s. § 1589 Anm. 3, § 1590 Anm. 2 u. 3, § 1705 Anm. 5 u. 6.

[2]) Beim unehelichen Kinde, dessen Mutter lebt, ist also, falls nicht ein anderer Verwandter oder Verschwägerter bestellt wird, regelmäßig die Mutter als Vormund zu bestellen. Die Bestellung eines Fremden ist nur zulässig, wenn die Mutter unfähig oder nach dem Ermessen des Gerichts nicht geeignet ist. Eine Beschwerde wegen Uebergehung hat die Mutter aber nicht, weil sie kein Recht auf Bestellung, sondern nur auf rücksichtsvolle Erwägung neben anderen Personen hat. F.G.G. § 20. Uebrigens hat die uneheliche Mutter, wie jede Frau, ein Ablehnungsrecht nach § 1786 Nr. 1; für den Fall, daß sie verheirathet ist, gelten die allgemeinen Regeln über die Zustimmung des Mannes (§§ 1785, 1887).

§. 1782.

Zum Vormunde soll nicht bestellt werden, wer durch Anordnung des Vaters[1]) oder der ehelichen

Mutter[2]) des Mündels von der Vormundschaft ausgeschlossen ist. Die Mutter kann den von dem Vater als Vormund Benannten nicht ausschließen.

Auf die Ausschließung finden die Vorschriften des §. 1777 Anwendung.

[1]) Vgl. § 1776 Anm. 1.
[2]) Vgl. § 1776 Anm. 2.

§. 1790.

Bei der Bestellung des Vormundes kann die Entlassung für den Fall vorbehalten werden, daß ein bestimmtes Ereigniß eintritt oder nicht eintritt.[1])

[1]) Insbesondere kann, wenn die Mutter des unehelichen Kindes (vgl. § 1779 Anm. 2) noch jung ist, die Entlassung des Vormundes bei Volljährigkeit oder auch bei einem bestimmten späteren Lebensalter der Mutter zwecks Bestellung der letzteren vorbehalten werden.

II. Führung der Vormundschaft.

§§. 1793—1821 — — —[1])

[1]) Wenn der Mutter des unehelichen Kindes die Sorge für die Person zusteht, so hat in Ansehung der letzteren der Vormund nur die Thätigkeit des Beistandes. Auf diese Thätigkeit finden die Vorschriften des Unterabschnitts „Führung der Vormundschaft" (§§ 1793 ff.) mit Ausnahme der §§ 1833, 1835, 1836 keine Anwendung; vgl. § 1694 Anm. 3. Insbesondere sind bei der Sorge für die Person unanwendbar:

a) § 1797 über die Verwaltung seitens mehrerer Vormünder. Werden einem unehelichen Kinde mehrere Vormünder bestellt, so muß nothwendig die Theilung so erfolgen, daß die Verrichtungen des Beistandes für die Mutter nur einem der Vormünder obliegen; vgl. § 1707 Anm. 8.

b) § 1799 über die Obliegenheiten des Gegenvormundes; der letztere wirkt bei der Thätigkeit der Beistandschaft nicht mit.

c) § 1801 über die Entziehung der Sorge für die religiöse Erziehung, falls der Vormund einem andern Bekenntnisse angehört.

Insoweit die rechtliche Vertretung des Mündels in Frage kommt, gelten die §§ 1793 ff. auch in Ansehung der Sorge für die Person (§ 1707 Satz 2 Halbsatz 2).

§. 1822.

Der Vormund bedarf der Genehmigung des Vormundschaftsgerichts:

— — — — — — — — — — — —

6. **zu einem Lehrvertrage, der für längere Zeit als ein Jahr geschlossen wird;**
7. **zu einem auf die Eingehung eines Dienst- oder Arbeitsverhältnisses gerichteten Vertrage, wenn der Mündel zu persönlichen Leistungen für längere Zeit als ein Jahr verpflichtet werden soll;**[1]

— — — — — — — — — — — —

[1]) Vgl. § 1793 Anm. 1 a. E. — Ueber die Stellung der Mutter beim Abschluß von Lehrverträgen s. § 1631 Anm. 2.

§. 1833.[1])

Der Vormund ist dem Mündel für den aus einer Pflichtverletzung entstehenden Schaden[2]) **verantwortlich, wenn ihm ein Verschulden zur Last fällt. Das Gleiche gilt von dem Gegenvormunde.**[3])

Sind für den Schaden Mehrere neben einander verantwortlich,[4]) so haften sie als Gesammtschuldner. Ist neben dem Vormunde für den von diesem verursachten Schaden der Gegenvormund oder ein Mitvormund[5]) nur wegen Verletzung seiner Aufsichtspflicht verantwortlich, so ist in ihrem Verhältnisse zu einander der Vormund allein verpflichtet.[6])

[1]) Vgl. § 1694 Anm. 3 zu b, § 1793 Anm. 1.

[2]) Falls der Mutter die Sorge für die Person zusteht: für den aus einer Verletzung der Unterstützungs- und Ueberwachungspflicht (§ 1689) entstehenden Schaden.

[3]) Im Falle der Anm. 2 trifft den Vormund die Verantwortlichkeit des Gegenvormundes; § 1694.

[4]) Der Fall liegt auch dann vor, wenn die Mutter aus § 1664 (s. oben S. 51) und der Vormund wegen Verletzung der Unterstützungs- oder Ueberwachungspflicht (s. Anm. 2) verantwortlich ist.

[5]) Im Falle von Anm. 2: neben der Mutter der Vormund; vgl. Anm. 3.

[6]) Im Falle von Anm. 2 ist also dem Vormund gegenüber die Mutter allein verpflichtet, aber nur bei Verletzung der Aufsichtspflicht des Vormundes, nicht auch bei Verletzung der Unterstützungspflicht.

§. 1835.

Macht der Vormund zum Zwecke der Führung der Vormundschaft Aufwendungen, so kann er nach den für den Auftrag geltenden Vorschriften der §§. 669, 670 von dem Mündel Vorschuß oder Ersatz verlangen. Das gleiche Recht steht dem Gegenvormunde zu.[1])

Als Aufwendungen gelten auch solche Dienste des Vormundes oder des Gegenvormundes, die zu seinem Gewerbe oder seinem Berufe gehören.

[1]) Und auch dem Vormund, soweit er die Stellung des Beistandes hat (§ 1707); vgl. § 1694, Anm. 3 zu c, § 1793 Anm. 1.

§. 1836.

Die Vormundschaft wird unentgeltlich geführt. Das Vormundschaftsgericht kann jedoch dem Vormund und aus besonderen Gründen auch dem Gegenvormund[1]) eine angemessene Vergütung bewilligen. Die Bewilligung soll nur erfolgen, wenn das Vermögen des Mündels sowie der Umfang und die Bedeutung der vormundschaftlichen Geschäfte es rechtfertigen. Die Vergütung kann jederzeit für die Zukunft geändert oder entzogen werden.

Vor der Bewilligung, Aenderung oder Entziehung soll der Vormund und, wenn ein Gegenvormund vorhanden oder zu bestellen ist, auch dieser gehört werden.[2])

[1]) Für den Vormund des unehelichen Kindes gilt, insoweit er die Stellung des Beistandes hat (§ 1707), dasselbe wie für den Gegenvormund; § 1694 Anm. 3 zu c, § 1793 Anm. 1.

[2]) Im Falle der Anm. 1 wird entsprechend die Mutter zu hören sein.

III. Fürsorge und Aufsicht des Vormundschaftsgerichts.

§. 1837.[1])

Das Vormundschaftsgericht hat über die gesammte Thätigkeit des Vormundes und des Gegenvormundes[2]) die Aufsicht zu führen und gegen Pflichtwidrigkeiten durch geeignete Gebote und Verbote einzuschreiten.

Das Vormundschaftsgericht kann den Vormund und den Gegenvormund zur Befolgung seiner Anordnungen durch Ordnungsstrafen anhalten. Die einzelne Strafe darf den Betrag von dreihundert Mark nicht übersteigen.

[1]) Die §§ 1837 ff. finden auch Anwendung, insoweit die Mutter die Sorge für die Person hat und die Thätigkeit des Vormundes sich deshalb als Beistandschaft darstellt (§ 1707); die Aufsicht wird hier nach denselben Grundsätzen wie gegenüber dem Gegenvormund geübt; § 1694.

[2]) Im Falle der Anm. 1 nur darüber, daß der Vormund seine Unterstützungs-, Ueberwachungs- und Anzeigepflicht nach § 1689 übt.

Ueber die Mutter wird eine Aufsicht nach §§ 1837 ff. nicht geführt; hier gelten vielmehr lediglich § 1689 Halbsatz 2 und §§ 1665 ff. Ist die Mutter zugleich Vormund, so findet eine Aufsicht nach §§ 1837 ff. gegen sie nur in Ansehung des Verhaltens als Vormund, nicht in Ansehung des Verhaltens als Mutter statt; vgl. aber § 1838 Anm. 3.

§. 1838.

Das Vormundschaftsgericht kann anordnen, daß der Mündel zum Zwecke der Erziehung in einer geeigneten Familie oder in einer Erziehungsanstalt oder einer Besserungsanstalt untergebracht wird. Steht dem Vater oder der Mutter die Sorge für die Person des Mündels zu,[1]) so ist eine solche Anordnung nur unter den Voraussetzungen des §. 1666[2]) zulässig.[3])

[1]) wie bei dem unehelichen Kinde, wenn es eine Mutter hat; § 1707.

[2]) s. oben S. 51.

[3]) Gleichviel ob die Mutter Vormund ist oder nicht.

§. 1839.

Der Vormund sowie der Gegenvormund[1]) hat dem Vormundschaftsgericht auf Verlangen jederzeit über die Führung der Vormundschaft und über die persönlichen Verhältnisse des Mündels Auskunft zu ertheilen.[2])[3])

[1]) Also der Vormund des unehelichen Kindes auch in seiner Stellung als Beistand; vgl. § 1694 Anm. 3 zu a, § 1793 Anm. 1.

[2]) Im Falle der Anm. 1 ist es Sache des Vormundes, bei der Mutter die erforderlichen Erkundigungen einzuziehen. Verweigert die Mutter die nöthigen Mittheilungen, so hat der Vormund dies zu berichten. Das Vormundschaftsgericht kann gegen die Mutter nur dann einschreiten, wenn die Voraussetzungen des § 1666 vorliegen. Zu diesem Zwecke hat es nöthigenfalls die erforderlichen Ermittelungen anzustellen.

[3]) Ist die Mutter selbst Vormund, so trifft die Auskunftspflicht sie in letzterer Eigenschaft und kann deshalb nach § 1837 Abs. 2 erzwungen werden; vgl. § 1837 Anm. 2.

§. 1845.

Will der zum Vormunde bestellte Vater [1]) oder die zum Vormunde bestellte eheliche Mutter [2]) des Mündels eine Ehe eingehen, so liegen ihnen die im §. 1669 bestimmten Verpflichtungen ob.

[1]) Aber nicht der Vater des unehelichen Kindes, wenn er zum Vormund bestellt ist (vgl. § 1589 Anm. 3) und zwar gleichviel ob er die Mutter des Kindes oder eine Andere heirathen will.

[2]) Auf die außereheliche Mutter nicht anwendbar; § 1705 Anm. 6 a. E.

§. 1847.

Das Vormundschaftsgericht soll vor einer von ihm zu treffenden Entscheidung auf Antrag des Vormundes oder des Gegenvormundes Verwandte oder Verschwägerte [1]) des Mündels hören, wenn es ohne erhebliche Verzögerung und ohne unverhältnißmäßige Kosten geschehen kann. In wichtigen Angelegenheiten soll die Anhörung auch ohne Antrag erfolgen; wichtige Angelegenheiten sind insbesondere die Volljährigkeitserklärung,[2]) die Ersetzung der Einwilligung zur Eheschließung im Falle des §. 1304,[3]) die Ersetzung der Genehmigung im Falle des §. 1337,[4]) die Entlassung aus dem Staatsverband und die Todeserklärung.

Die Verwandten und Verschwägerten können von dem Mündel Ersatz ihrer Auslagen verlangen; der Betrag der Auslagen wird von dem Vormundschaftsgerichte festgesetzt.

[1]) Ueber deren Begriff beim unehelichen Kinde s. § 1589 Anm. 3, § 1590 Anm. 2 u. 3, § 1705 Anm. 5 u. 6. Das für ehelich erklärte Kind, falls es nach dem Tode des Vaters bevormundet wird, hat nur mütterliche Verwandte oder Verschwägerte; vgl. § 1737.

[2]) Ueber die Volljährigkeitserklärung ist bestimmt:

a) B.G.B. § 4:

Die Volljährigkeitserklärung ist nur zulässig, wenn der Minderjährige seine Einwilligung ertheilt.

Steht der Minderjährige unter elterlicher Gewalt, so ist auch die Einwilligung des Gewalthabers erforderlich, es sei denn, daß diesem weder die Sorge für die Person noch die Sorge für das Vermögen des Kindes zusteht.

— — — — — — — — — — —

b) F.G.G. § 56 Abs. 1:

Die Volljährigkeitserklärung soll nur auf Antrag des Minderjährigen oder desjenigen gesetzlichen Vertreters des Minderjährigen erfolgen, welchem die Sorge für die Person zusteht.

Bei einem unehelichen Kinde kommt eine Einwilligung nach § 4 nicht in Frage, weil das Kind nicht unter elterlicher Gewalt steht (§ 1707). Ein Antrag nach § 56 F.G.G. steht, wenn neben der Mutter ein anderer Vormund bestellt ist, keinem von beiden zu, der Mutter nicht, weil sie nicht Vertreterin des Kindes ist, und dem Vormund nicht, weil ihm nicht die Sorge für die Person zusteht (vgl. § 1707 mit Anm 5); in diesem Falle ist nur der Minderjährige selbst antragsberechtigt. Ist die Mutter zugleich Vormund, so steht auch ihr das Antragsrecht zu.

[3]) s. oben S. 12.

[4]) Betrifft die Bestätigung einer anfechtbaren Ehe.

IV. Mitwirkung des Gemeindewaisenraths.

§§. 1849—1851 — — — — — — — —[1])

[1]) Vgl. § 1694 Anm. 3 zu a.

VII. Beendigung der Vormundschaft.

§. 1882.

Die Vormundschaft endigt mit dem Wegfalle der im §. 1773 für die Anordnung der Vormundschaft bestimmten Voraussetzungen.[1])

[1]) Die Vormundschaft über ein uneheliches Kind endigt insbesondere auch mit der Legitimation durch Ehelichkeitserklärung; wegen der Legitimation durch nachfolgende Ehe s. § 1883.

§. 1883.

Wird der Mündel durch nachfolgende Ehe legitimirt, so endigt die Vormundschaft erst dann,[1]) wenn die Vaterschaft des Ehemanns durch ein zwischen ihm und dem Mündel[2]) ergangenes Urtheil[3]) rechtskräftig festgestellt ist[4]) oder die Aufhebung der Vormundschaft von dem Vormundschaftsgericht angeordnet wird.

Das Vormundschaftsgericht hat die Aufhebung anzuordnen, wenn es die Voraussetzungen der Legitimation für vorhanden erachtet. So lange der Ehemann lebt,[5]) soll die Aufhebung nur angeordnet werden,[6]) wenn er die Vaterschaft anerkannt hat[7]) oder wenn er an der Abgabe einer Erklärung dauernd verhindert oder sein Aufenthalt dauernd unbekannt ist.[8])

[1]) Die Wirkungen der Legitimation, namentlich auch die elterliche Gewalt des Vaters, treten mit der Eheschließung von selbst ein (§ 1719 Anm. 2). So lange die Vormundschaft nach § 1883 noch fortbesteht, sind so-

wohl der Vater nach Maßgabe des Elternrechts, als der Vormund nach Maßgabe des Vormundschaftsrechts zur Vertretung des Mündels legitimirt. Ein Streit zwischen beiden über Herausgabe des Mündels ist im Prozeßwege zu entscheiden. Wird dort der Nachweis der Vaterschaft erbracht, so ist das Kind dem Vater zuzusprechen. Erstreckt sich das Urtheil zugleich auf die Feststellung der Vaterschaft, so führt es gemäß § 1883 auch direkt zur Aufhebung der Vormundschaft.

[2]) Ein Urtheil zwischen Mutter und Vater genügt nicht.

[3]) Dies kann ein Urtheil sein, welches nach der Eheschließung ergangen ist und demgemäß das Eltern- und Kindesverhältniß gemäß §§ 640 ff. C.P.O. feststellt. Es genügt aber auch ein vor der Eheschließung ergangenes, lediglich die außereheliche Vaterschaft feststellendes Urtheil, und in diesem Falle auch ein Anerkenntniß- oder Versäumnißurtheil.

[4]) In diesem Falle endigt die Vormundschaft mit der Rechtskraft des Urtheils von selbst ohne Aufhebung seitens des Vormundschaftsgerichts.

[5]) Ist der Ehemann todt, so gilt lediglich freie Beweiswürdigung; vgl. aber Anm. 7 a. E.

[6]) Wenn die Aufhebung ohne diese Voraussetzungen angeordnet wird, ist sie gleichwohl nach Abs. 1 wirksam.

[7]) Nicht nothwendig in einer öffentlichen Urkunde. Geschieht die Anerkennung privatschriftlich oder formlos, so genügt sie indessen nur dann, wenn das Gericht daraufhin die Voraussetzungen der Legitimation für dargethan erachtet, nicht aber, wenn das Gericht den Verdacht einer Simulation hegt. Ist die Anerkennung in öffentlicher Urkunde erfolgt, so gilt § 1720 Abs. 2.

[8]) Ueber das Vorhandensein dieser Voraussetzungen entscheidet das Vormundschaftsgericht. Bei Bejahung der Voraussetzungen gilt freie Beweiswürdigung.

Zweiter Titel. Vormundschaft über Volljährige.

— — — — — — — — — — — —

§. 1899.

Vor den Großvätern ist der Vater und nach ihm die eheliche Mutter des Mündels als Vormund berufen.[1])

Die Eltern sind nicht berufen, wenn der Mündel von einem Anderen als dem Ehegatten seines Vaters oder seiner Mutter an Kindesstatt angenommen ist.

Stammt der Mündel aus einer nichtigen Ehe, so ist der Vater im Falle des §. 1701, die Mutter im Falle des §. 1702 nicht berufen.

[1]) Vgl. § 1705 Anm. 6 a. E., § 1776 Anm. 1 u. 2; wegen der unehelichen Mutter s. § 1900 Abs. 2; vgl. auch § 1736 Anm. 2.

§. 1900.

Eine Ehefrau darf zum Vormund ihres Mannes auch ohne dessen Zustimmung bestellt werden.

Der Ehegatte des Mündels darf vor den Eltern und den Großvätern, die eheliche Mutter[1]) darf im Falle des §. 1702 vor den Großvätern zum Vormunde bestellt werden.

Die uneheliche Mutter darf vor dem Großvater zum Vormunde bestellt werden.[2])

[1]) Vgl. § 1899 Anm. 1.

[2]) Vgl. § 1778 Anm. 1.

Dritter Titel. Pflegschaft.

§. 1912.

Eine Leibesfrucht[1]) erhält zur Wahrung ihrer künftigen Rechte, soweit diese einer Fürsorge bedürfen, einen Pfleger. Die Fürsorge steht jedoch dem Vater oder der Mutter zu, wenn das Kind, falls es bereits geboren wäre, unter elterlicher Gewalt stehen würde.[2])

[1]) Auch eine uneheliche; diese aber nicht zur Erwirkung einer einstweiligen Verfügung nach § 1716, weil hierzu ein Pfleger nicht legitimirt sein würde; § 1716 Anm. 3. Vgl. auch § 1714 Anm. 7.

[2]) Auf die uneheliche Leibesfrucht nicht anwendbar; § 1707.

Fünftes Buch.

Erbrecht.

Erster Abschnitt. Erbfolge.

§. 1924.

Gesetzliche Erben der ersten Ordnung sind die Abkömmlinge des Erblassers.[1]) [2])

Ein zur Zeit des Erbfalls lebender Abkömmling schließt die durch ihn mit dem Erblasser verwandten Abkömmlinge von der Erbfolge aus.

An die Stelle eines zur Zeit des Erbfalls nicht mehr lebenden Abkömmlinges treten die durch ihn mit dem Erblasser verwandten Abkömmlinge[3]) (Erbfolge nach Stämmen).

Kinder[4]) erben zu gleichen Theilen.

[1]) Darunter sind verstanden (vgl. § 1589 Anm. 3, § 1705 Anm. 6):

a) wenn der Erblasser ein Mann ist: der eheliche Sohn und die eheliche Tochter, die ehelichen Kinder des ehelichen Sohnes, die ehelichen und unehelichen Kinder der ehelichen Tochter u. s. w. derart, daß immer eine uneheliche Erzeugung der ehelichen gleichsteht, wenn die Mutter, nicht aber wenn der Vater zu den Abkömmlingen des Erblassers gehört. Wenn Vetter und Cousine gemeinsam ein uneheliches Kind erzeugen, so gehört dieses zu den Abkömmlingen seiner Urgroßeltern nur im mütterlichen, nicht im väterlichen Stamm; vgl. § 1927 Anm. 1;

b) wenn der Erblasser eine Frau ist: eheliche und uneheliche Söhne und Töchter, eheliche Kinder des (ehelichen oder unehelichen) Sohnes, eheliche und uneheliche Kinder der (ehelichen oder unehelichen) Tochter u. s. w. demnächst nach demselben Grundsatz wie zu a.

Die vorstehenden Grundsätze für die Stellung der unehelichen Kinder gelangen für alle seit dem 1. Januar 1900 eingetretenen Erbfälle zur Anwendung, auch wenn die uneheliche Geburt früher erfolgt ist; vgl. E.G. z. B.G.B. Art. 208 Anm. 4.

[2]) Zu den Abkömmlingen eines Mannes gehören auch seine für ehelich erklärten Kinder und deren Abkömmlinge, aber nicht die für ehelich erklärten Kinder eines Abkömmlings (§§ 1736, 1737); vgl. Anm. 3.

[3]) Aber nicht diejenigen, welche nicht mit dem Erblasser verwandt sind, wie ein für ehelich erklärter Enkel (§ 1737). Hat der Erblasser A einen ehelichen Sohn B und letzterer einen unehelichen aber für ehelich erklärten Sohn C und stirbt B vor A, so wird A von C nicht

beerbt, auch wenn C sein einziger Abkömmling sein sollte. Stirbt dagegen zuerst A und dann B, so wird A von B und demnächst B von C beerbt.

[4]) Auch uneheliche und für ehelich erklärte, insoweit sie nach Vorstehendem erbberechtigt sind.

§. 1925.

Gesetzliche Erben der zweiten Ordnung sind die Eltern des Erblassers[1]) und deren Abkömmlinge.[2])

Leben zur Zeit des Erbfalls die Eltern, so erben sie allein und zu gleichen Theilen.[3])

Lebt zur Zeit des Erbfalls der Vater[4]) oder die Mutter nicht mehr, so treten an die Stelle des Verstorbenen dessen Abkömmlinge nach den für die Beerbung in der ersten Ordnung geltenden Vorschriften.[5]) Sind Abkömmlinge nicht vorhanden, so erbt der überlebende Theil allein.[6])[7])

[1]) Bei einem unehelichen Kinde nur dessen Mutter; vgl. § 1589 Anm. 3, § 1705 Anm. 6; bei einem für ehelich erklärten Kinde beide Eltern; § 1736 mit Anm. 2.

[2]) Vgl. § 1924 Anm. 1. Erben der zweiten Ordnung sind danach neben den Eltern des Erblassers dessen Geschwister und deren Abkömmlinge. Ob ein für ehelich erklärtes Kind zu den Geschwistern zu rechnen ist und ob es danach seine Geschwister von Vaters Seite mit beerbt und von ihnen beerbt wird, ist zweifelhaft. Für die Bejahung spricht der Wortlaut der §§ 1925 ff. (vgl. § 1736); für die Verneinung dagegen das System des Gesetzes, wonach das gesetzliche Erbrecht (abgesehen vom Ehegatten) Verwandtschaft mit dem Erblasser voraussetzt (vgl. §§ 1928 Abs. 3, 1930—1932, 1934, 1936), während ein für ehelich erklärtes Kind zu seinen väterlichen

Geschwistern in kein Verwandtschaftsverhältniß tritt; vgl. § 1737 Anm. 2.

[3]) Auf das uneheliche Kind angewendet heißt dies:
„Lebt zur Zeit des Erbfalles die Mutter, so erbt sie allein."

Vgl. Anm. 1 u. 4.

[4]) Das uneheliche Kind hat rechtlich keinen Vater (§ 1589 Anm. 3). Abs. 3 kommt deshalb nur für den Fall des Todes der Mutter in Betracht.

[5]) Vgl. § 1924 mit Anm. 1, 3 u. 4; s. aber auch vorstehend Anm. 2. Das uneheliche Kind, welches mutterlos stirbt, wird also von seinen mütterlichen Geschwistern zu gleichen Theilen beerbt, ohne Unterschied, ob dieses eheliche oder uneheliche Kinder und im letzteren Falle, ob sie mit demselben oder mit einem anderen Manne erzeugt sind (vgl. § 1705 Anm. 5). An die Stelle eines der erbberechtigten Geschwister treten dessen Abkömmlinge wie bei ehelichen Kindern.

[6]) Der letzte Satz ist für die Beerbung unehelicher Kinder bedeutungslos. Hier erbt die Mutter, wenn sie lebt, in jedem Falle allein; s. Anm. 3.

[7]) Das Erbrecht der unehelichen Mutter gegenüber ihrem Kinde ist sonach ein besseres als dasjenige, welches der ehelichen Mutter selbst nach dem Tode des Vaters zusteht. Hat eine Frau mit einem — später verstorbenen — Manne A drei Kinder B, C und D außerehelich erzeugt und B stirbt, so beerbt ihn die Mutter in jedem Falle allein. Wäre sie aber mit A verheirathet gewesen, so würde sie nur die Hälfte erben, die andere Hälfte würden C und D erben.

§. 1926.

Gesetzliche Erben der dritten Ordnung sind die Großeltern des Erblassers[1]) und deren Abkömmlinge.[2])

Leben zur Zeit des Erbfalls die Großeltern, so erben sie allein und zu gleichen Theilen.[3])

Lebt zur Zeit des Erbfalls von den väterlichen oder von den mütterlichen Großeltern[4]) der Großvater oder die Großmutter nicht mehr, so treten an die Stelle des Verstorbenen dessen Abkömmlinge.[5]) Sind Abkömmlinge nicht vorhanden, so fällt der Antheil des Verstorbenen dem anderen Theile des Großelternpaars[6]) und, wenn dieser nicht mehr lebt, dessen Abkömmlingen zu.

Leben zur Zeit des Erbfalls die väterlichen oder die mütterlichen Großeltern nicht mehr und sind Abkömmlinge der Verstorbenen nicht vorhanden, so erben die anderen Großeltern oder ihre Abkömmlinge allein.[7])

Soweit Abkömmlinge an die Stelle ihrer Eltern oder ihrer Voreltern treten, finden die für die Beerbung in der ersten Ordnung geltenden Vorschriften[8]) Anwendung.

[1]) Normaler Weise giebt es vier Großeltern. Liegen aber uneheliche Geburten dazwischen, so vermindert sich die Zahl. Es sind folgende Kombinationen möglich (vgl. § 1589 Anm. 3 und § 1705 Anm. 5):

a) Ein eheliches Kind, dessen Vater oder Mutter ein uneheliches Kind war, hat drei Großeltern, nämlich die beiden Eltern des ehelichen parens und die Mutter des unehelichen parens.

b) Ein eheliches Kind, dessen beide Eltern uneheliche Kinder waren, hat nur zwei Großeltern, nämlich die beiden Großmütter.

c) Ein uneheliches Kind, dessen Mutter ein eheliches Kind war, hat zwei Großeltern, nämlich die beiden Eltern der Mutter.

d) Ein uneheliches Kind, dessen Mutter gleichfalls ein uneheliches Kind war, hat nur einen Großelterntheil, nämlich die mütterliche Großmutter.

Vgl. hierzu Anm. 3, 4, 6, 7.

Ein für ehelich erklärtes Kind hat keine väterlichen Großeltern (§ 1737 Satz 1) und steht deshalb in den Fällen zu c und d dem unehelichen Kinde gleich.

[2]) Nach den Grundsätzen von § 1924 Anm. 1; wegen eines für ehelich erklärten Abkömmlings vgl. aber auch entsprechend § 1925 Anm. 2.

[3]) In dem Falle von Anm. 1 zu a, wo drei Großeltern vorhanden sind, erbt also jedes derselben $^1/_3$, obwohl dieses Resultat dem im Abs. 3 ausgedrückten Prinzip der Theilung nach der väterlichen und mütterlichen Linie widerspricht.

[4]) Nämlich von denjenigen, welche nach Anm. 1 als Großeltern im rechtlichen Sinne anzusehen sind.

[5]) Vgl. Abs. 5.

[6]) In den Fällen, in welchen wegen unehelicher Geburt blos auf der einen Seite ein Großelternpaar, auf der anderen dagegen nur eine Großmutter vorhanden ist (Anm. 1 zu a), liegt, wenn diese todt ist, der Fall des Abs. 4 vor; vgl. Anm. 7.

[7]) Im Falle von Anm. 1 zu a erbt, wenn das Großelternpaar verstorben und Abkömmlinge nicht vorhanden sind, die Großmutter der anderen Seite oder deren Abkömmlinge allein.

[8]) § 1924.

§. 1927.

Wer in der ersten, der zweiten oder der dritten Ordnung verschiedenen Stämmen angehört,[1]) erhält den in jedem dieser Stämme ihm zufallenden Antheil. Jeder Antheil gilt als besonderer Erbtheil.

[1]) Dieser Fall kann nur durch eheliche Geburt vermittelt werden, indem der Vater und die Mutter verschiedenen Stämmen angehören, z. B. Vetter und Cousine sind. Bei einer unehelichen Zeugung dieser Art liegt der Fall nicht vor; vgl. § 1924 Anm. 1 zu a. Ein uneheliches Kind kann indessen nach § 1927 dann erben, wenn es nach § 1924 Abs. 3 an die Stelle seiner Mutter tritt und letzterer als einem ehelichen Kinde ein Erbtheil in mehreren Stämmen zustand (z. B. ein uneheliches Kind, dessen Mutter aus einer Ehe von Vetter und Cousine stammte).

§. 1928.

Gesetzliche Erben der vierten Ordnung sind die Urgroßeltern des Erblassers[1]) und deren Abkömmlinge.[2])

Leben zur Zeit des Erbfalls Urgroßeltern, so erben sie allein; mehrere erben zu gleichen Theilen, ohne Unterschied, ob sie derselben Linie oder verschiedenen Linien angehören.[3])

Leben zur Zeit des Erbfalls Urgroßeltern nicht mehr, so erbt von ihren Abkömmlingen derjenige, welcher mit dem Erblasser dem Grade nach am nächsten verwandt ist;[4]) mehrere gleich nahe Verwandte erben zu gleichen Theilen.

[1]) Liegt eine uneheliche Zeugung in der Mitte, so sind diejenigen im rechtlichen Sinne Urgroßeltern des Erblassers, von denen der letztere nach den Grundsätzen bei § 1924 Anm. 1 u. 2 ein Abkömmling und zwar ein Urenkel ist.

[2]) § 1924 Anm. 1; vgl. auch entsprechend § 1925 Anm. 2.

[3]) Deshalb kommt es auf die Entwickelung der einzelnen Linien (§ 1926 Anm. 1) hier nicht an.

[4]) Vgl. § 1589 Abs. 1 Satz 3.

§. 1929.

Gesetzliche Erben der fünften Ordnung und der ferneren Ordnungen sind die entfernteren Voreltern des Erblassers und deren Abkömmlinge.[1])

Die Vorschriften des §. 1928 Abs. 2, 3 finden entsprechende Anwendung.

[1]) Vgl. entsprechend § 1928 Anm. 1 u. 2.

§. 1930.

Ein Verwandter ist nicht zur Erbfolge berufen, solange ein Verwandter einer vorhergehenden Ordnung vorhanden ist.

§§. 1931—1934.[1])

[1]) Die §§ 1931—1934 betreffen das Erbrecht des Ehegatten und bieten für das Recht der unehelichen Kinder keine Besonderheiten.

Zweiter Abschnitt. Rechtliche Stellung des Erben.

Erster Titel. Annahme und Ausschlagung der Erbschaft. Fürsorge des Nachlaßgerichts.

— — — — — — — — — — — —

§. 1963.

Ist zur Zeit des Erbfalls die Geburt eines Erben[1]) zu erwarten, so kann die Mutter,[2]) falls sie außer Stande ist, sich selbst zu unterhalten, bis zur Entbindung standesmäßigen Unterhalt aus dem Nachlaß oder, wenn noch andere Personen als Erben berufen sind, aus dem Erbtheile des Kindes verlangen. Bei der Bemessung des Erbtheils ist anzunehmen, daß nur ein Kind geboren wird.

[1]) Gesetzlichen oder testamentarischen Erben.

[2]) Auch die uneheliche Mutter (§ 1705 Anm. 6). Bei gesetzlicher Erbfolge kann der Fall hier nicht eintreten, wohl aber, wenn das noch zu erwartende uneheliche Kind im Testament (des Vaters, eines mütterlichen Verwandten oder auch eines Fremden) als Erbe eingesetzt ist.

Dagegen liegt der Fall nicht vor, wenn die Erben des außerehelichen Vaters gegenüber dem noch ungeborenen Kinde von dem Abfindungsrecht (§ 1712) Gebrauch machen, da der Pflichttheilsberechtigte kein Erbe ist.

Zweiter Titel. Haftung des Erben für die Nachlaßverbindlichkeiten.

I. Nachlaßverbindlichkeiten.

— — — — — — — — — — — —

§. 1969.

Der Erbe ist verpflichtet, Familienangehörigen[1]) des Erblassers, die zur Zeit des Todes des Erblassers zu dessen Hausstande gehört und von ihm Unterhalt bezogen haben, in den ersten dreißig Tagen nach dem Eintritte des Erbfalls in demselben Umfange, wie der Erblasser es gethan hat,

Unterhalt zu gewähren und die Benutzung der Wohnung und der Haushaltsgegenstände zu gestatten. Der Erblasser kann durch letztwillige Verfügung eine abweichende Anordnung treffen.

Die Vorschriften über Vermächtnisse finden entsprechende Anwendung.

[1]) Zu diesen gehört das uneheliche Kind seiner Mutter gegenüber (§ 1705 Anm. 5), nicht aber dem Vater gegenüber. Es würde indessen auch dem letzteren gegenüber dahin fallen, wenn dieser während der Dauer seiner Unterhaltspflicht (§ 1708), sei es auf Grund besonderer Vereinbarung (§ 1714) oder auch ohne solche, dem Kinde in seinem Hausstande den Unterhalt gewährt hat; vgl. § 1589 Anm. 4 a. E.

Dritter Abschnitt. Testament.

Dritter Titel. Einsetzung eines Nacherben.

— — — — — — — — — — — —

§. 2141.

Ist bei dem Eintritte des Falles der Nacherbfolge die Geburt eines Nacherben zu erwarten, so finden auf den Unterhaltsanspruch der Mutter[1]) die Vorschriften des §. 1963 entsprechende Anwendung.

[1]) Auch der unehelichen; vgl. § 1963 Anm. 2. Der Fall eines Anspruchs der letzteren liegt auch dann vor, wenn als Nacherben allgemein die Abkömmlinge einer Frau eingesetzt sind, da zu diesen auch die unehelichen Abkömmlinge gehören; § 1705 Anm. 5 u. 6.

Fünfter Abschnitt. Pflichttheil.

§. 2303.

Ist ein Abkömmling des Erblassers [1]) durch Verfügung von Todeswegen von der Erbfolge ausgeschlossen, so kann er von dem Erben den Pflichttheil verlangen. Der Pflichttheil besteht in der Hälfte des Werthes des gesetzlichen Erbtheils.

Das gleiche Recht steht den Eltern [2]) und dem Ehegatten des Erblassers zu, wenn sie durch Verfügung von Todeswegen von der Erbfolge ausgeschlossen sind.

[1]) d. i. ein solcher Abkömmling, welcher zur Erbfolge berufen ist; vgl. § 1924 Anm. 1 u. 2.

[2]) Bei einem unehelichen Kinde nur der Mutter (§ 1589 Anm. 3, § 1705 Anm. 5 u. 6), bei einem für ehelich erklärten auch dem Vater; § 1736.

C. Einführungsgesetz zum Bürgerlichen Gesetzbuche.

Erster Abschnitt. Allgemeine Vorschriften.

Artikel 18.

Die eheliche Abstammung eines Kindes[1]) wird nach den deutschen Gesetzen beurtheilt,[2]) wenn der Ehemann der Mutter zur Zeit der Geburt des Kindes Deutscher ist oder, falls er vor der Geburt des Kindes gestorben ist, zuletzt Deutscher war.[3])

[1]) d. h. die Frage, ob ein Kind ehelich oder unehelich ist; vgl. § 1591 Anm. 1.

[2]) Steht die Gültigkeit der Ehe in Frage, so gilt hierfür E.G. z. B.G.B. Art. 13.

[3]) Ueber die Frage, wenn ein ausländisches Gericht abweichend erkannt hat, vgl. C.P.O. § 328 Nr. 3.

Artikel 19.

Das Rechtsverhältniß zwischen den Eltern und einem ehelichen Kinde wird nach den deutschen Gesetzen beurtheilt, wenn der Vater und, falls der Vater gestorben ist, die Mutter die Reichsangehörigkeit besitzt. Das Gleiche gilt, wenn die Reichsangehörigkeit des Vaters oder der Mutter erloschen, die Reichsangehörigkeit des Kindes aber bestehen geblieben ist.[1])

[1]) Vgl. Staatsangehörigkeitsgesetz v. 1. Juni 1870 §§ 13, 19, 21, 22.

Artikel 20.

Das Rechtsverhältniß zwischen einem unehelichen Kinde und dessen Mutter wird nach den deutschen Gesetzen beurtheilt, wenn die Mutter eine Deutsche ist.[1]) Das Gleiche gilt, wenn die Reichsangehörigkeit der Mutter erloschen, die Reichsangehörigkeit des Kindes aber bestehen geblieben ist.[2])

[1]) Und zwar auch dann, wenn sie es erst nach der Geburt geworden ist, aber nicht mit rückwirkender Kraft.

[2]) Vgl. Art. 19 Anm. 1.

Artikel 21.

Die Unterhaltspflicht des Vaters gegenüber dem unehelichen Kinde[1]) und seine Verpflichtung, der Mutter die Kosten der Schwangerschaft, der Entbindung und des Unterhalts zu ersetzen,[2]) wird nach den Gesetzen des Staates beurtheilt, dem die Mutter zur Zeit der Geburt des Kindes angehört; es können jedoch nicht weitergehende Ansprüche geltend gemacht werden, als nach den deutschen Gesetzen begründet sind.[3])

[1]) Sowohl nach ihren Voraussetzungen, als nach ihrem Umfange.

[2]) Vgl. Anm. 1.

[3]) Nämlich wenn im Inland darüber materiell zu entscheiden ist. Die Anerkennung eines weitergehenden ausländischen Urtheils darf nicht versagt werden; vgl. C.P.O. § 328 Nr. 3 und § 728.

Artikel 22.

Die Legitimation eines unehelichen Kindes[1]) sowie die Annahme an Kindesstatt bestimmt sich, wenn der Vater zur Zeit der Legitimation oder der Annehmende zur Zeit der Annahme die Reichsangehörigkeit besitzt, nach den deutschen Gesetzen.[2])

Gehört der Vater oder der Annehmende einem fremden Staate an, während das Kind die Reichsangehörigkeit besitzt, so ist die Legitimation oder die Annahme unwirksam, wenn die nach den deutschen Gesetzen erforderliche Einwilligung des Kindes oder eines Dritten, zu dem das Kind in einem familienrechtlichen Verhältnisse steht,[3]) nicht erfolgt ist.[4])

[1]) Sowohl durch nachfolgende Ehe, als durch Ehelichkeitserklärung.

[2]) Und zwar betreffs der Voraussetzungen, dem Verfahren und der Wirkungen. Für die Form der in dem Verfahren zu errichtenden Willenserklärungen (Einwilli-

gungen, Verträge, Anträge) gilt indessen E.G. z. B.G.B. Art. 11 Abs. 1.

„Die Form eines Rechtsgeschäfts bestimmt sich nach den Gesetzen, welche für das den Gegenstand des Rechtsgeschäfts bildende Rechtsverhältniß maßgebend sind. Es genügt jedoch die Beobachtung der Gesetze des Ortes, an dem das Rechtsgeschäft vorgenommen wird."

[3]) Vgl. B.G.B. §§ 1723, 1726, 1741, 1746 f.

[4]) Ueber die Anerkennung der vom Art. 22 abweichenden ausländischen Urtheile vgl. C.P.O. § 328 Nr. 3.

Artikel 28.

Die Vorschriften der Artikel 15, 19, des Artikel 24 Abs. 1 und der Artikel 25, 27 finden keine Anwendung auf Gegenstände, die sich nicht in dem Gebiete des Staates befinden, dessen Gesetze nach jenen Vorschriften maßgebend sind, und die nach den Gesetzen des Staates, in dessen Gebiete sie sich befinden, besonderen Vorschriften unterliegen.

Artikel 29.

Gehört eine Person keinem Staate an, so werden ihre Rechtsverhältnisse, soweit die Gesetze des Staates, dem eine Person angehört, für maßgebend erklärt sind, nach den Gesetzen des Staates beurtheilt, dem die Person zuletzt angehört hat, und, wenn sie auch früher einem Staate nicht angehört hat, nach den Gesetzen des Staates, in welchem sie ihren Wohnsitz und in Ermangelung eines Wohnsitzes ihren Aufenthalt hat oder zu der maßgebenden Zeit gehabt hat.

Artikel 30.

Die Anwendung eines ausländischen Gesetzes ist ausgeschlossen, wenn die Anwendung gegen die guten Sitten oder gegen den Zweck eines deutschen Gesetzes verstoßen würde.[1])

[1]) Vgl. hierzu C.P.O. § 328 Nr. 4.

Dritter Abschnitt. Verhältniß des Bürgerlichen Gesetzbuchs zu den Landesgesetzen.

— — — — — — — — — — — —

Artikel 134.

Unberührt bleiben die landesgesetzlichen Vorschriften über die religiöse Erziehung der Kinder.[1])

[1]) Für die landrechtlichen Gebietstheile Preußens gilt A.L.R. Th. II Tit. 2:

> §. 642 Uneheliche Kinder werden bis zum geendigten vierzehnten Jahre in dem Glaubensbekenntnisse der Mutter erzogen.

Das Kind folgt auch einem Glaubenswechsel der Mutter. K.G. v. 17. März 1890 (Jahrbuch 10 S. 71), gegen den älteren Beschluß v. 5. März 1883 (Jahrbuch 4 S. 79).

Artikel 136.

Unberührt bleiben die landesgesetzlichen Vorschriften, nach welchen

1. der Vorstand einer unter staatlicher Verwaltung oder Aufsicht stehenden Erziehungs- oder Verpflegungsanstalt oder ein Beamter alle oder einzelne Rechte und Pflichten eines Vor-

mundes für diejenigen Minderjährigen hat, welche in der Anstalt oder unter der Aufsicht des Vorstandes oder des Beamten in einer von ihm ausgewählten Familie oder Anstalt erzogen oder verpflegt werden, und der Vorstand der Anstalt oder der Beamte auch nach der Beendigung der Erziehung oder der Verpflegung bis zur Volljährigkeit des Mündels diese Rechte und Pflichten behält, unbeschadet der Befugniß des Vormundschaftsgerichts, einen anderen Vormund zu bestellen;

2. die Vorschriften der Nr. 1 bei unehelichen Minderjährigen auch dann gelten, wenn diese unter der Aufsicht des Vorstandes oder des Beamten in der mütterlichen Familie erzogen oder verpflegt werden;[1])

3. der Vorstand einer unter staatlicher Verwaltung oder Aufsicht stehenden Erziehungs- oder Verpflegungsanstalt oder ein von ihm bezeichneter Angestellter der Anstalt oder ein Beamter vor den nach §. 1776 des Bürgerlichen Gesetzbuchs als Vormünder berufenen Personen zum Vormunde der in Nr. 1, 2 bezeichneten Minderjährigen bestellt werden kann;

4. im Falle einer nach den Vorschriften der Nr. 1 bis 3 stattfindenden Bevormundung ein Gegenvormund nicht zu bestellen ist und dem Vormunde die nach §. 1852 des Bürger-

lichen Gesetzbuchs zulässigen Befreiungen zustehen.

[1]) Vgl. hierzu für Preußen A.G. z. B.G.B. Art. 78 § 4 (Anlage II Nr. 1).

Vierter Abschnitt. Uebergangsvorschriften.

Artikel 208.

Die rechtliche Stellung eines vor dem Inkrafttreten des Bürgerlichen Gesetzbuchs[1]) geborenen[2]) unehelichen Kindes[3]) bestimmt sich von dem Inkrafttreten des Bürgerlichen Gesetzbuchs an nach dessen Vorschriften;[4]) für die Erforschung der Vaterschaft, für das Recht des Kindes, den Familiennamen des Vaters zu führen, sowie für die Unterhaltspflicht des Vaters bleiben jedoch die bisherigen Gesetze maßgebend.[5])[6])[7])

Inwieweit einem vor dem Inkrafttreten des Bürgerlichen Gesetzbuchs außerehelich erzeugten[8]) Kinde aus einem besonderen Grunde,[9]) insbesondere wegen Erzeugung im Brautstande, die rechtliche Stellung eines ehelichen Kindes zukommt und inwieweit der Vater und die Mutter eines solchen Kindes die Pflichten und Rechte ehelicher Eltern haben, bestimmt sich nach den bisherigen Gesetzen.

Die Vorschriften des Abs. 1 gelten auch für ein nach den französischen oder den badischen Gesetzen[10]) anerkanntes Kind.[11])

[1]) d. i. dem 1. Januar 1900.

[2]) Für die seit dem Inkrafttreten des B.G.B. geborenen Kinder gilt uneingeschränkt das B.G.B. Auf den Zeitpunkt der Erzeugung kommt es — mit Ausnahme von Abs. 2; s. Anm. 8 — nicht an.

[3]) Die Frage, ob das Kind ein eheliches oder ein uneheliches ist, bestimmt sich nach den zur Zeit der Geburt geltenden Gesetzen, ebenso gemäß Art. 207 die Frage, in wie weit Kinder aus nichtigen oder ungültigen Ehen die Stellung ehelicher Kinder haben.

[4]) Und zwar nicht nur im Familienrecht, sondern in allen Rechtsmaterien. Insbesondere ist im Erbrecht, sofern der Erbfall nach dem 31. Dezember 1900 erfolgt ist, der Begriff der Verwandtschaft in der mütterlichen Familie gemäß § 1705 B.G.B. zu verstehen, wenn es sich auch um ein vor dem 1. Januar 1900 geborenes, oder selbst um ein schon vor dieser Zeit verstorbenes uneheliches Kind handelt, welches nach damaligem Recht nicht in die mütterliche Familie eingetreten ist; vgl. B.G.B. § 1924 Anm. 1 a. E.

[5]) Gleichviel ob sie dem Kinde günstiger oder ungünstiger sind.

[6]) Dem Vater gegenüber gilt sonach in den wesentlichsten Punkten das alte Recht. Aus dem B.G.B. gelten hauptsächlich nur: die Versagung der Verwandtschaft mit dem Vater (§ 1589 Abs. 2) und die Vorschriften über die Legitimation (§§ 1719 ff.). Die letztere erfolgt seit dem 1. Januar 1900 nach neuem Recht, auch wenn das Kind vorher geboren ist.

[7]) Für die Ansprüche der Mutter gegen den Vater fehlt es an einer Vorschrift. Sind solche Ansprüche nach bisherigem Recht aus der Beiwohnung selbst ohne Rücksicht auf eine erfolgende Geburt erwachsen (Nothzucht, Verführung, Beiwohnung unter Täuschung oder unter einem Eheversprechen u. dgl.), so werden sie nach

älterem Recht zu beurtheilen sein, auch wenn die Geburt nach dem 31. Dezember 1899 erfolgt ist. Hängen indessen die Ansprüche auch nach älterem Recht von der Geburt ab, so sind sie nach dem zur Zeit der Geburt geltenden Rechte zu beurtheilen.

8) Hier entscheidet (abweichend von Anm. 2) der Zeitpunkt der Erzeugung, auch wenn die Geburt unter der Herrschaft des B.G.B. erfolgt ist. Die Empfängnißzeit ist in diesem Falle gemäß Abs. 1 des Art. 208 nach dem B.G.B. zu berechnen. Fällt sie danach theils vor den 1. Januar 1900, theils später, so hat derjenige, welcher ein Recht aus Abs. 2 in Anspruch nimmt, die Beweislast dafür, daß die Erzeugung vor dem 1. Januar 1900 erfolgt ist. Bei einem non liquet bleibt Abs. 2 außer Anwendung.

9) Nicht aber auf Grund einer allgemeinen, für alle unehelichen Kinder geltenden Vorschrift.

10) Code civil Art. 340, Badisches Landrecht Satz 340, 340a.

11) Nämlich für ein vor dem 1. Januar 1900 anerkanntes Kind. Eine vorher geschlossene Ehe genügt nach rheinischem Recht nicht zur Legitimation des unehelichen Kindes. Nach dem 1. Januar 1900 kann ein solches Kind nur noch durch Ehelichkeitserklärung legitimirt werden. R.G. v. 21. Mai 1900 (Sammlung des Reichsjustizamts 1 S. 41, Jahrbuch N.F. 1 A S. 145).

Artikel 209.

Inwieweit ein vor dem Inkrafttreten des Bürgerlichen Gesetzbuchs legitimirtes oder an Kindesstatt angenommenes Kind die rechtliche Stellung eines ehelichen Kindes hat und inwieweit der Vater und die Mutter die Pflichten und Rechte ehelicher Eltern haben, bestimmt sich nach den bisherigen Gesetzen.[1])

[1]) Bloße Pflegekindschaftsverhältnisse des älteren Rechts verlieren mit dem 1. Januar 1900 ihre Bedeutung.

D. Anlagen.

I. Die Bestimmungen der Prozeßgesetze über die Verfolgung des Unterhaltsanspruchs.

1. Gerichtsverfassungsgesetz.

§. 23.

Die Zuständigkeit der Amtsgerichte umfaßt in bürgerlichen Rechtsstreitigkeiten, soweit dieselben nicht ohne Rücksicht auf den Werth des Streitgegenstandes den Landgerichten zugewiesen sind:

1. — — — — — — — — — — —
2. ohne Rücksicht auf den Werth des Streitgegenstandes:

— — — — — — — — — — —

Ansprüche aus einem außerehelichen Beischlafe; — —

2. Civilprozeßordnung.

§. 258.

Bei wiederkehrenden Leistungen kann auch wegen der erst nach Erlassung des Urtheils fällig werdenden Leistungen Klage auf künftige Entrichtung erhoben werden.

§. 323.

Tritt im Falle der Verurtheilung zu künftig fällig werdenden wiederkehrenden Leistungen eine wesentliche Aenderung derjenigen Verhältnisse ein, welche für die Verurtheilung zur Entrichtung der Leistungen, für die Bestimmung der Höhe der Leistungen oder der Dauer ihrer Entrichtung maßgebend waren, so ist jeder Theil berechtigt, im Wege der Klage eine entsprechende Abänderung des Urtheils zu verlangen.

Die Klage ist nur insoweit zulässig, als die Gründe, auf welche sie gestützt wird, erst nach dem Schlusse der mündlichen Verhandlung, in der eine Erweiterung des Klagantrags oder die Geltendmachung von Einwendungen spätestens hätte erfolgen müssen, entstanden sind und durch Einspruch nicht mehr geltend gemacht werden können.

Die Abänderung des Urtheils darf nur für die Zeit nach Erhebung der Klage erfolgen.

§. 708.

Auch ohne Antrag sind für vorläufig vollstreckbar zu erklären:

1. — — — — — — — — — — — —

6. Urtheile, welche die Verpflichtung zur Entrichtung von Alimenten oder zur Entrichtung einer nach den §§. 843, 844 des Bürgerlichen Gesetzbuchs geschuldeten Geldrente aussprechen, soweit die Entrichtung für die

Zeit nach der Erhebung der Klage und für das der Erhebung der Klage vorausgehende letzte Vierteljahr zu erfolgen hat.

§. 850.

Der Pfändung sind nicht unterworfen:

1. der Arbeits- oder Dienstlohn nach den Bestimmungen des Reichsgesetzes vom 21. Juni 1869 (Bundes-Gesetzbl. 1869 S. 242 und 1871 S. 63, Reichs-Gesetzbl. 1897 S. 159);
2. die auf gesetzlicher Vorschrift beruhenden Alimentenforderungen und die nach §. 844 des Bürgerlichen Gesetzbuchs wegen der Entziehung einer solchen Forderung zu entrichtende Geldrente;

3.—6. — — — — — — — — — — —;

7. die Pensionen der Wittwen und Waisen und die denselben aus Wittwen- und Waisenkassen zukommenden Bezüge, die Erziehungsgelder und die Studienstipendien, sowie die Pensionen invalider Arbeiter;
8. das Diensteinkommen der Offiziere, Militärärzte und Deckoffiziere, der Beamten, der Geistlichen, sowie der Aerzte und Lehrer an öffentlichen Anstalten; die Pension dieser Personen nach deren Versetzung in einstweiligen oder dauernden Ruhestand, sowie der nach ihrem Tode den Hinterbliebenen zu gewährende Sterbe- oder Gnadengehalt.

Uebersteigen in den Fällen Nr. 7 und 8 das Diensteinkommen, die Pension oder die sonstigen Bezüge die Summe von fünfzehnhundert Mark für das Jahr, so ist der dritte Theil des Mehrbetrags der Pfändung unterworfen.

Die nach §. 843 des Bürgerlichen Gesetzbuchs wegen einer Verletzung des Körpers oder der Gesundheit zu entrichtende Geldrente ist nur soweit der Pfändung unterworfen, als der Gesammtbetrag die Summe von fünfzehnhundert Mark für das Jahr übersteigt.

In den Fällen der beiden vorhergehenden Absätze ist die Pfändung ohne Rücksicht auf den Betrag zulässig, wenn sie wegen der den Verwandten, dem Ehegatten und dem früheren Ehegatten für die Zeit nach Erhebung der Klage und für das diesem Zeitpunkte vorausgehende letzte Vierteljahr kraft Gesetzes zu entrichtenden Unterhaltsbeiträge beantragt wird. Das Gleiche gilt in Ansehung der zu Gunsten eines unehelichen Kindes von dem Vater für den bezeichneten Zeitraum kraft Gesetzes zu entrichtenden Unterhaltsbeiträge; diese Vorschrift findet jedoch insoweit keine Anwendung, als der Schuldner zur Bestreitung seines nothdürftigen Unterhalts und zur Erfüllung der ihm seinen Verwandten, seiner Ehefrau oder seiner früheren Ehefrau gegenüber gesetzlich obliegenden Unterhaltspflicht der Bezüge bedarf. Hierbei werden ausschließlich die Leistungen berücksichtigt, welche vermöge einer solchen Unterhaltspflicht für den nämlichen Zeitraum oder, falls die Klage zu Gunsten des unehelichen Kindes nach der Klage eines Unterhaltsberechtigten erhoben ist, für die Zeit von dem Beginne des der Klage dieses Berechtigten vorausgehenden letzten Vierteljahrs ab zu entrichten sind.

Die Einkünfte, welche zur Bestreitung eines Dienstaufwandes bestimmt sind, und der Servis der Offiziere, Militärärzte und Militärbeamten sind weder der Pfändung unterworfen noch bei der Ermittelung, ob und zu welchem Betrage ein Diensteinkommen der Pfändung unterliege, zu berechnen.

3. Gesetz, betreffend die Beschlagnahme des Arbeits- oder Dienstlohnes.

Vom 21. Juni 1869.

(B.G.Bl. S. 242.)

Fassung vom 29. März 1897 (R.G.Bl. S. 159).

(Auszug.)

§. 1.

Die Vergütung (Lohn, Gehalt, Honorar u. s. w.) für Arbeiten oder Dienste, welche auf Grund eines Arbeits- oder Dienstverhältnisses geleistet werden, darf, sofern dieses Verhältniß die Erwerbsthätigkeit des Vergütungsberechtigten vollständig oder hauptsächlich in Anspruch nimmt, zum Zwecke der Sicherstellung oder Befriedigung eines Gläubigers erst dann mit Beschlag belegt werden, nachdem die

Leistung der Arbeiten oder Dienste erfolgt und nachdem der Tag, an welchem die Vergütung gesetzlich, vertrags- oder gewohnheitsmäßig zu entrichten war, abgelaufen ist, ohne daß der Vergütungsberechtigte dieselbe eingefordert hat.

§. 4.

Das gegenwärtige Gesetz findet keine Anwendung:

— — — — — — — — — — —

3. auf die Beitreibung der den Verwandten, dem Ehegatten und dem früheren Ehegatten für die Zeit nach Erhebung der Klage und für das diesem Zeitpunkte vorausgehende letzte Vierteljahr kraft Gesetzes zu entrichtenden Unterhaltsbeiträge;

— — — — — — — — — — —

§. 4a.

Auf die Beitreibung der zu Gunsten eines unehelichen Kindes von dem Vater für den im §. 4 Nr. 3 bezeichneten Zeitraum kraft Gesetzes zu entrichtenden Unterhaltsbeiträge findet dieses Gesetz nur insoweit Anwendung, als der Schuldner zur Bestreitung seines nothdürftigen Unterhalts und zur Erfüllung der ihm seinen Verwandten, seiner Ehefrau oder seiner früheren Ehefrau gegenüber gesetzlich obliegenden Unterhaltspflicht der Vergütung (§§. 1, 3) bedarf. Hierbei werden ausschließlich die Leistungen berücksichtigt, welche vermöge einer solchen Unterhaltspflicht für den nämlichen Zeitraum oder, falls die Klage zu Gunsten des unehelichen Kindes nach der Klage eines Unterhaltsberechtigten erhoben ist, für die Zeit von dem Beginne des der Klage dieses Berechtigten vorausgehenden letzten Vierteljahrs ab zu entrichten sind.

4. Konkursordnung.

§. 3.

Die Konkursmasse dient zur gemeinschaftlichen Befriedigung aller persönlichen Gläubiger, welche einen zur Zeit der Eröffnung des Verfahrens begründeten Vermögensanspruch an den Gemeinschuldner haben (Konkursgläubiger).

Unterhaltsansprüche, die nach den §§. 1351, 1360, 1361, 1578—1583, 1586, 1601—1615, 1708—1714 des Bürgerlichen Gesetzbuchs gegen den Gemeinschuldner begründet sind, sowie die sich aus den §§. 1715, 1716 des Bürgerlichen Gesetzbuchs ergebenden Ansprüche können für die Zukunft nur geltend gemacht werden, soweit der Gemeinschuldner als Erbe des Verpflichteten haftet.

II. Auszug aus den preußischen Ausführungsbestimmungen zum B.G.B.

1. Ausführungsgesetz zum Bürgerlichen Gesetzbuche.

Vom 20. September 1899 (G.S. S. 177).

Erklärungen über den Familiennamen.

Artikel 68.

— — — — — — — — — — — —

§. 2. Für die Entgegennahme und die öffentliche Beglaubigung der Erklärung, durch welche der Ehemann der Mutter eines unehelichen Kindes diesem seinen Namen ertheilt,[1]) sowie der Einwilligungserkärungen des Kindes und der Mutter ist, wenn die Geburt des Kindes im Geburtsregister eines Preußischen Standesbeamten eingetragen ist oder wenn die Erklärung bei der Eheschließung vor einem Preußischen Standesbeamten erfolgt, der Standesbeamte[2]) zuständig.[3]) Anderenfalls ist für die Entgegennahme das Amtsgericht zuständig, in dessen Bezirke der Ehemann seinen Wohnsitz oder seinen gewöhnlichen Aufenthalt hat.

Erfolgt die Erklärung über die Ertheilung des Namens nicht gegenüber dem Standesbeamten, in dessen Geburtsregister der Geburtsfall eingetragen ist,[4]) so soll die zuständige Behörde sie dem Standesbeamten mittheilen.[5])

Die Erklärung ist am Rande der über den Geburtsfall bewirkten Eintragung zu vermerken.[6])

[1]) Vgl. B.G.B. § 1706 Abs. 2 (oben S. 63).

[2]) Nicht jeder Standesbeamte, sondern nur derjenige, in dessen Register die Geburt oder die Eheschließung eingetragen wird und zwar der erstere auch nach der Anzeige der Geburt, der letztere aber nur bei der Eheschließung selbst. K.G. v. 2. Juli 1900 (Jahrbuch N.F. 1 A S. 148).

[3]) Für die Entgegennahme ist der Standesbeamte ausschließlich zuständig, für die Beglaubigung nur neben den Amtsgerichten und Notaren. F.G.G. § 191. Die Erklärung kann sonach mit gerichtlicher oder notarieller Beglaubigung dem Standesbeamten eingereicht werden.

[4]) D. i. wenn sie entweder gegenüber dem eheschließenden Standesbeamten oder wenn sie gegenüber dem Amtsgericht erfolgt.

[5]) Auch wenn es ein außerpreußischer Standesbeamter ist.

[6]) Vgl. hierzu Personenstandsgesetz § 26 oben S. 91 bei § 1720 Anm. 6.

§. 8. Die Befugniß des Standesbeamten erstreckt sich nicht auf die Beglaubigung eines Handzeichens.

Anerkennung der Vaterschaft.

Artikel 70.

Für die Aufnahme der im §. 1718 und im §. 1720 Abs. 2 des Bürgerlichen Gesetzbuchs vorgesehenen öffentlichen Urkunden über die Anerkennung der Vaterschaft ist der Standesbeamte, welcher die Geburt des Kindes oder die Eheschließung seiner Eltern beurkundet hat, auch dann zuständig, wenn die Anerkennung der Vaterschaft nicht bei der Anzeige der Geburt oder bei der Eheschließung erfolgt.

Beantragt bei einer vor dem Gericht oder einem Notar erfolgenden Anerkennung der Erklärende die Beischreibung eines Vermerkes im Geburtsregister, so hat das Gericht oder der Notar die Erklärung und den Antrag dem zuständigen Standesbeamten mitzutheilen.[1])

[1]) Zu Art. 70 vgl. B.G.B. § 1718 Anm. 2, 3 u. 6, § 1720 Anm. 6 und die Verf. v. 18. Oktober 1899 unten S. 174.

Artikel 71.

§. 1. Sind für die persönlichen Verhältnisse eines unehelichen Kindes die Vorschriften des Rheinischen Rechtes maßgebend, so erlangt das Kind die rechtliche Stellung eines ehelichen Kindes, wenn der Vater die Mutter geheirathet und das Kind vor dem Inkrafttreten des Bürgerlichen Gesetzbuchs[1]) in einer öffentlichen Urkunde anerkannt hat. Dies gilt für ein Kind, das zur Zeit der Anerkenung volljährig ist, nur dann, wenn das Kind vor dem Inkrafttreten des Bürgerlichen Gesetzbuchs in einer öffentlichen Urkunde seine Zustimmung zu der Anerkennung erklärt.

[1]) Aber nicht nachher; vgl. E.G. z. B.G.B. Art. 208 Anm. 11.

§. 2. Eine nach §. 1 erfolgte Anerkennung gilt als von der Zeit der Eheschließung an wirksam. Erworbene Rechte Dritter bleiben unberührt.

Bevormundung durch einen Anstaltsvorstand oder durch Beamte der Armenverwaltung.

Artikel 78.

§. 1. Der Vorstand einer unter der Verwaltung des Staates oder einer Gemeindebehörde stehenden Erziehungs- oder Verpflegungsanstalt hat für die in der Anstalt untergebrachten Minderjährigen die Rechte und Pflichten eines Vormundes.

Die Rechte und Pflichten des Anstaltsvorstandes bestehen nur, solange das Vormundschaftsgericht nicht einen anderen Vormund bestellt hat. Der Vorstand behält die Rechte und Pflichten des Vormundes auch nach der Beendigung der Erziehung oder Verpflegung bis zur Volljährigkeit des Mündels.

§. 2. Die Aufnahme des Minderjährigen in die Anstalt ist von dem Vorstande dem Vormundschaftsgericht und dem Gemeindewaisenrathe des Bezirkes, in dem die Anstalt liegt, anzuzeigen.

Mit der Aufnahme in die Anstalt endigt das Amt des bisherigen Vormundes.

§. 3. Neben dem Vorstand ist ein Gegenvormund nicht zu bestellen.

Dem Vorstande stehen die nach §. 1852 Abs. 2 des Bürgerlichen Gesetzbuchs zulässigen Befreiungen zu.

§. 4. Auf Grund ortsstatutarischer Bestimmung können Beamten der Gemeindearmenverwaltung alle oder einzelne Rechte und Pflichten eines Vormundes für diejenigen Minderjährigen übertragen werden, welche im Wege der öffentlichen Armenpflege unterstützt und unter Aufsicht der Beamten entweder in einer von diesen ausgewählten Familie oder Anstalt oder, sofern es sich um uneheliche Minderjährige handelt,[1]) in der mütterlichen Familie erzogen oder verpflegt werden.

Wird von dieser Befugniß Gebrauch gemacht, so finden die Vorschriften des §. 1 Abs. 2, des §. 2 Abs. 1 und, wenn dem Beamten alle Rechte und Pflichten eines Vormundes übertragen werden, auch die Vorschriften des §. 2 Abs. 2 und des §. 3 entsprechende Anwendung.

[1]) Vgl. hierzu B.G.B. § 1773 Anm. 1 und E.G. z. B.G.B. Art. 136, insbesondere Ziffer 2.

2. Verordnung zur Ausführung des Bürgerlichen Gesetzbuchs.

Vom 16. November 1899 (G.S. S. 562).

Artikel 13.

Zu einer Ehelichkeitserklärung (Bürgerliches Gesetzbuch §. 1723) ist, wenn es sich um die Annahme eines adeligen Namens handelt, die Genehmigung des Königs einzuholen.

In anderen Fällen wird die Ehelichkeitserklärung von dem Justizminister ertheilt.

Artikel 14.

Die Befreiung von dem für die Annahme an Kindesstatt erforderlichen Alter des Annehmenden (Bürgerliches Gesetzbuch §§. 1744, 1745) wird von dem Justizminister ertheilt.

3. Allgemeine Verfügung vom 14. Dezember 1899, betreffend die geschäftliche Behandlung der in den Artikeln 10, 13, 14 der Königlichen Verordnung zur Ausführung des Bürgerlichen Gesetzbuchs vom 16. November 1899 (Gesetz-Samml. S. 562) bezeichneten Angelegenheiten.

(J.M.Bl. S. 784.)

§. 3.

Bei Gesuchen um Ehelichkeitserklärungen (B.G.B. §. 1723) liegt die Vorbereitung der Entscheidung dem Amtsgericht ob, in dessen Bezirke der Vater seinen Wohnsitz oder in Ermangelung eines in Preußen begründeten Wohnsitzes seinen Aufenthalt hat.

Die Bestimmung des §. 1 Abs. 2 [1]) findet mit der Maßgabe entsprechende Anwendung, daß der gut-

---

[1]) § 1 Abs. 2 betrifft Ehedispense und lautet:
Das Amtsgericht hat, sobald ein Gesuch dieser Art bei ihm eingereicht oder ihm aus dem Justizministerium übermittelt wird, mit thunlichster Beschleunigung alle bei der Entscheidung zu berücksichtigenden Verhältnisse, insbesondere das Alter

achtliche Bericht durch Vermittelung des Landgerichtspräsidenten an den Oberlandesgerichtspräsidenten zu erstatten ist, der seinerseits, geeignetenfalls nach Anordnung weiterer Ermittelungen, eine Aeußerung hinzufügen wird.

Bei Gesuchen Preußischer Staatsangehörigen, die in Preußen weder ihren Wohnsitz noch ihren Aufenthalt haben, wird der Justizminister oder der von diesem mit der Begutachtung beauftragte Oberlandesgerichtspräsident das Amtsgericht bezeichnen, welches sich der Vorbereitung der Entscheidung zu unterziehen hat.

§. 4.

Bei Gesuchen um Befreiung von dem zur Annahme an Kindesstatt erforderlichen Alter (B.G.B. §. 1745) liegt die Vorbereitung der Entscheidung dem Amtsgericht ob, welches nach §. 66 des Reichsgesetzes über die Angelegenheiten der freiwilligen Gerichtsbarkeit für die Bestätigung des Annahmevertrags zuständig ist.

Für die Berichterstattung, welche der erst nach Ertheilung der Befreiung zulässigen Bestätigung des Annahmevertrags voranzugehen hat, sind die Bestimmungen des §. 3 Abs. 2 maßgebend.

---

beider Nupturienten, ihren Leumund und ihre Erwerbs- und Vermögensverhältnisse festzustellen. Das Gesuch ist alsdann unter Beifügung der etwa erforderlichen Urkunden mit einem gutachtlichen Berichte dem Justizminister unmittelbar einzureichen.

Ist für die Bestätigung des Annahmevertrags kein Preußisches Amtsgericht zuständig, so findet die Bestimmung des §. 3 Abs. 3 entsprechende Anwendung.

§. 5.

Bei der Vorbereitung der Entscheidung bezüglich aller in den §§. 1 bis 4 aufgeführten Gesuche ist zu beachten, daß die diesseitige Zuständigkeit fortan nur dann begründet ist, wenn die Gesuchsteller die Preußische Staatsangehörigkeit besitzen. Es ist daher dieser Frage (vergl. Gesetz über den Erwerb und Verlust der Bundes- und Staatsangehörigkeit vom 1. Juli 1870, Bundes-Gesetzbl. S. 355 §. 2 ff.) in jedem Falle besondere Aufmerksamkeit zuzuwenden und es sind die für die Beurtheilung derselben maßgebenden Thatsachen in dem Berichte zu erörtern. Sofern nicht die Preußische Staatsangehörigkeit des Nachsuchenden bei dem Gericht offenkundig oder anderweit zweifelsfrei festgestellt ist, wird der Regel nach eine einfache Auskunft der Ortspolizeibehörde genügen, um diese Staatsangehörigkeit für dargethan zu erachten; nur wenn sich nach den Angaben der Betheiligten oder nach sonstigen Ermittelungen Bedenken ergeben, wird die Vorlegung einer förmlichen, von der zuständigen Behörde auszustellenden Urkunde zu erfordern sein.

4. Verfügung vom 18. Oktober 1899, betr. die nach Einführung des Bürgerlichen Gesetzbuches in Kraft tretenden Vorschriften über Anerkennung unehelicher Kinder.

(Ministerialblatt für die gesammte innere Verwaltung 1899 S. 189.)

Zur Ergänzung der mit dem 1. Januar 1900 in Kraft tretenden Vorschriften über die Anerkennung unehelicher Kinder bestimmen wir im Hinblick auf Artikel 70 des Ausführungsgesetzes zum Bürgerlichen Gesetzbuche vom 20. September 1899 (G.S. S. 177) und auf die §§. 14 bis 16 der Vorschriften des Bundesraths, Bekanntmachung vom 25. März 1899 (R.G.Bl. S. 225) [1]) Folgendes:

1. Erkennt Jemand nach seiner Eheschließung mit der Mutter eines unehelichen Kindes seine Vaterschaft vor dem Standesbeamten an, in dessen Register die Eheschließung eingetragen ist, so hat dieser die Anerkennung, sofern nicht eine besondere Urkunde errichtet wird (Nr. 2), am Rande der über die Eheschließung vorgenommenen Eintragung zu beurkunden.

[1]) Siehe oben S. 87 § 1718 Anm. 6 und S. 91 § 1720 Anm. 6.

Die Bestimmung des §. 15 Abs. 2 der Vorschriften des Bundesraths[1]) finden entsprechende Anwendung.

2. Wird nach der Anzeige der Geburt eines unehelichen Kindes vor dem Standesbeamten, in dessen Register der Geburtsfall eingetragen ist, oder nach der Eheschließung der Eltern vor dem Standesbeamten, in dessen Register die Eheschließung eingetragen ist, über die Anerkennung der Vaterschaft eine besondere Urkunde errichtet, so ist eine Beurkundung der Anerkennung am Rande der über den Geburtsfall oder die Eheschließung bestehenden Eintragung von Amtswegen nicht vorzunehmen. Die Bestimmung des §. 16 Satz 2 der Vorschriften des Bundesraths[2]) finden entsprechende Anwendung.

3. Besondere Urkunden sind in den vorstehenden Fällen — ebenso wie nach §. 16 der Vorschriften des Bundesraths — nur zu errichten, wenn dies von dem Anerkennenden ausdrücklich verlangt wird.

4. Auf die Errichtung besonderer Urkunden gemäß §. 16 der Vorschriften des Bundesraths oder gemäß Nr. 2 dieser Bekanntmachung finden die Vorschriften in §. 13 Abs. 1, 2

---

1) Siehe oben S. 91 § 1720 Anm. 6 zu b.
2) Siehe a. a. O.

und 4 des Gesetzes vom 6. Februar 1875 (R.G.Bl. S. 23)[1]) mit der Maßgabe sinngemäß Anwendung, daß die Urkunden nicht in das Register einzutragen, sondern unter fortlaufenden Nummern zu besonderen Sammelakten zu nehmen sind.

5. Wird einem Standesbeamten, in dessen Geburtsregister die Geburt eines unehelichen Kindes eingetragen ist, die Erklärung über die vor dem Gericht oder vor einem Notar erfolgte Anerkennung des Kindes mit dem Antrag auf Beischreibung eines Vermerks im Geburtsregister mitgetheilt, so hat der Standesbeamte die Anerkennung am Rande der über den Geburtsfall vorgenommenen Eintragung zu beurkunden.

Berlin, den 18. Oktober 1899.

Der Justizminister.	Der Minister des Innern.
In Vertretung:	In Vertretung:
Nebe-Pflugstaedt.	Braunbehrens.

---

[1]) Betreffend die Form der Eintragungen in das Standesregister.

III. Tabelle zur Berechnung der Empfängnißzeit.

(B.G.B. §§ 1592, 1717.)

Januar.

Tag der Geburt	Empfängnißzeit, falls die Geburt erfolgt ist in einem Nicht-Schaltjahre. vom	bis	Schaltjahre.
1 Jan.	5 März v. J.	4 Juli v. J.	ebenso wie nebenstehend
2 —	6 —	5 —	
3 —	7 —	6 —	
4 —	8 —	7 —	
5 —	9 —	8 —	
6 —	10 —	9 —	
7 —	11 —	10 —	
8 —	12 —	11 —	
9 —	13 —	12 —	
10 —	14 —	13 —	
11 —	15 —	14 —	
12 —	16 —	15 —	
13 —	17 —	16 —	
14 —	18 —	17 —	
15 —	19 —	18 —	
16 —	20 —	19 —	
17 —	21 —	20 —	
18 —	22 —	21 —	
19 —	23 —	22 —	
20 —	24 —	23 —	
21 —	25 —	24 —	
22 —	26 —	25 —	
23 —	27 —	26 —	
24 —	28 —	27 —	
25 —	29 —	28 —	
26 —	30 —	29 —	
27 —	31 —	30 —	
28 —	1 April v. J.	31 —	
29 —	2 —	1 Aug. v. J.	
30 —	3 —	2 —	
31 —	4 —	3 —	

Februar.

Tag der Geburt	Empfängnißzeit, falls die Geburt erfolgt ist in einem Nicht=Schaltjahre vom	bis	Schaltjahre
1 Febr.	5 April v. J.	4 Aug. v. J.	ebenso wie nebenstehend
2 —	6 —	5 —	
3 —	7 —	6 —	
4 —	8 —	7 —	
5 —	9 —	8 —	
6 —	10 —	9 —	
7 —	11 —	10 —	
8 —	12 —	11 —	
9 —	13 —	12 —	
10 —	14 —	13 —	
11 —	15 —	14 —	
12 —	16 —	15 —	
13 —	17 —	16 —	
14 —	18 —	17 —	
15 —	19 —	18 —	
16 —	20 —	19 —	
17 —	21 —	20 —	
18 —	22 —	21 —	
19 —	23 —	22 —	
20 —	24 —	23 —	
21 —	25 —	24 —	
22 —	26 —	25 —	
23 —	27 —	26 —	
24 —	28 —	27 —	
25 —	29 —	28 —	
26 —	30 —	29 —	
27 —	1 Mai v. J.	30 —	
28 —	2 —	31 —	
29 —	— —	— —	3 Mai v. J. b. 1 Sept. v. J.

März.

Tag der Geburt	Empfängnißzeit, falls die Geburt erfolgt ist in einem Nicht-Schaltjahre		Schaltjahre	
	vom	bis	vom	bis
1 März	3 Mai v. J.	1 Sept. v. J.	4 Mai v. J.	2 Sept. v. J.
2 —	4 —	2 —	5 —	3 —
3 —	5 —	3 —	6 —	4 —
4 —	6 —	4 —	7 —	5 —
5 —	7 —	5 —	8 —	6 —
6 —	8 —	6 —	9 —	7 —
7 —	9 —	7 —	10 —	8 —
8 —	10 —	8 —	11 —	9 —
9 —	11 —	9 —	12 —	10 —
10 —	12 —	10 —	13 —	11 —
11 —	13 —	11 —	14 —	12 —
12 —	14 —	12 —	15 —	13 —
13 —	15 —	13 —	16 —	14 —
14 —	16 —	14 —	17 —	15 —
15 —	17 —	15 —	18 —	16 —
16 —	18 —	16 —	19 —	17 —
17 —	19 —	17 —	20 —	18 —
18 —	20 —	18 —	21 —	19 —
19 —	21 —	19 —	22 —	20 —
20 —	22 —	20 —	23 —	21 —
21 —	23 —	21 —	24 —	22 —
22 —	24 —	22 —	25 —	23 —
23 —	25 —	23 —	26 —	24 —
24 —	26 —	24 —	27 —	25 —
25 —	27 —	25 —	28 —	26 —
26 —	28 —	26 —	29 —	27 —
27 —	29 —	27 —	30 —	28 —
28 —	30 —	28 —	31 —	29 —
29 —	31 —	29 —	1 Juni v. J.	30 —
30 —	1 Juni v. J.	30 —	2 —	1 Okt. v. J.
31 —	2 —	1 Okt. v. J.	3 —	2 —

April.

Tag der Geburt	Empfängnißzeit, falls die Geburt erfolgt ist in einem Nicht-Schaltjahre		Schaltjahre	
	vom	bis	vom	bis
1 April	3 Juni v. J.	2 Oct. v. J.	4 Juni v. J.	3 Oct. v. J.
2 —	4 —	3 —	5 —	4 —
3 —	5 —	4 —	6 —	5 —
4 —	6 —	5 —	7 —	6 —
5 —	7 —	6 —	8 —	7 —
6 —	8 —	7 —	9 —	8 —
7 —	9 —	8 —	10 —	9 —
8 —	10 —	9 —	11 —	10 —
9 —	11 —	10 —	12 —	11 —
10 —	12 —	11 —	13 —	12 —
11 —	13 —	12 —	14 —	13 —
12 —	14 —	13 —	15 —	14 —
13 —	15 —	14 —	16 —	15 —
14 —	16 —	15 —	17 —	16 —
15 —	17 —	16 —	18 —	17 —
16 —	18 —	17 —	19 —	18 —
17 —	19 —	18 —	20 —	19 —
18 —	20 —	19 —	21 —	20 —
19 —	21 —	20 —	22 —	21 —
20 —	22 —	21 —	23 —	22 —
21 —	23 —	22 —	24 —	23 —
22 —	24 —	23 —	25 —	24 —
23 —	25 —	24 —	26 —	25 —
24 —	26 —	25 —	27 —	26 —
25 —	27 —	26 —	28 —	27 —
26 —	28 —	27 —	29 —	28 —
27 —	29 —	28 —	30 —	29 —
28 —	30 —	29 —	1 Juli v. J.	30 —
29 —	1 Juli v. J.	30 —	2 —	31 —
30 —	2 —	31 —	3 —	1 Nov. v. J.

Mai.

Tag der Geburt	Empfängnißzeit, falls die Geburt erfolgt ist in einem Nicht-Schaltjahre		Schaltjahre	
	vom	bis	vom	bis
1 Mai	3 Juli v. J.	1 Nov. v. J.	4 Juli v. J.	2 Nov. v. J.
2 —	4 —	2 —	5 —	3 —
3 —	5 —	3 —	6 —	4 —
4 —	6 —	4 —	7 —	5 —
5 —	7 —	5 —	8 —	6 —
6 —	8 —	6 —	9 —	7 —
7 —	9 —	7 —	10 —	8 —
8 —	10 —	8 —	11 —	9 —
9 —	11 —	9 —	12 —	10 —
10 —	12 —	10 —	13 —	11 —
11 —	13 —	11 —	14 —	12 —
12 —	14 —	12 —	15 —	13 —
13 —	15 —	13 —	16 —	14 —
14 —	16 —	14 —	17 —	15 —
15 —	17 —	15 —	18 —	16 —
16 —	18 —	16 —	19 —	17 —
17 —	19 —	17 —	20 —	18 —
18 —	20 —	18 —	21 —	19 —
19 —	21 —	19 —	22 —	20 —
20 —	22 —	20 —	23 —	21 —
21 —	23 —	21 —	24 —	22 —
22 —	24 —	22 —	25 —	23 —
23 —	25 —	23 —	26 —	24 —
24 —	26 —	24 —	27 —	25 —
25 —	27 —	25 —	28 —	26 —
26 —	28 —	26 —	29 —	27 —
27 —	29 —	27 —	30 —	28 —
28 —	30 —	28 —	31 —	29 —
29 —	31 —	29 —	1 Aug. v. J.	30 —
30 —	1 Aug. v. J.	30 —	2 —	1 Dez. v. J
31 —	2 —	1 Dez. v. J.	3 —	2 —

Juni.

Tag der Geburt	Empfängnißzeit, falls die Geburt erfolgt ist in einem Nicht-Schaltjahre		Schaltjahre	
	vom	bis	vom	bis
1 Juni	3 Aug. v. J.	2 Dez. v. J.	4 Aug. v. J.	3 Dez. v. J.
2 —	4 —	3 —	5 —	4 —
3 —	5 —	4 —	6 —	5 —
4 —	6 —	5 —	7 —	6 —
5 —	7 —	6 —	8 —	7 —
6 —	8 —	7 —	9 —	8 —
7 —	9 —	8 —	10 —	9 —
8 —	10 —	9 —	11 —	10 —
9 —	11 —	10 —	12 —	11 —
10 —	12 —	11 —	13 —	12 —
11 —	13 —	12 —	14 —	13 —
12 —	14 —	13 —	15 —	14 —
13 —	15 —	14 —	16 —	15 —
14 —	16 —	15 —	17 —	16 —
15 —	17 —	16 —	18 —	17 —
16 —	18 —	17 —	19 —	18 —
17 —	19 —	18 —	20 —	19 —
18 —	20 —	19 —	21 —	20 —
19 —	21 —	20 —	22 —	21 —
20 —	22 —	21 —	23 —	22 —
21 —	23 —	22 —	24 —	23 —
22 —	24 —	23 —	25 —	24 —
23 —	25 —	24 —	26 —	25 —
24 —	26 —	25 —	27 —	26 —
25 —	27 —	26 —	28 —	27 —
26 —	28 —	27 —	29 —	28 —
27 —	29 —	28 —	30 —	29 —
28 —	30 —	29 —	31 —	30 —
29 —	31 —	30 —	1 Sept. v. J.	31 —
30 —	1 Sept. v. J.	31 —	2 —	1 Jan. d. J.

Juli.

Tag der Geburt	Empfängnißzeit, falls die Geburt erfolgt ist in einem Nicht-Schaltjahre vom	bis	Schaltjahre vom	bis
1 Juli	2 Sept. v. J.	1 Jan. d. J.	3 Sept. v. J.	2 Jan. d. J.
2 —	3 —	2 —	4 —	3 —
3 —	4 —	3 —	5 —	4 —
4 —	5 —	4 —	6 —	5 —
5 —	6 —	5 —	7 —	6 —
6 —	7 —	6 —	8 —	7 —
7 —	8 —	7 —	9 —	8 —
8 —	9 —	8 —	10 —	9 —
9 —	10 —	9 —	11 —	10 —
10 —	11 —	10 —	12 —	11 —
11 —	12 —	11 —	13 —	12 —
12 —	13 —	12 —	14 —	13 —
13 —	14 —	13 —	15 —	14 —
14 —	15 —	14 —	16 —	15 —
15 —	16 —	15 —	17 —	16 —
16 —	17 —	16 —	18 —	17 —
17 —	18 —	17 —	19 —	18 —
18 —	19 —	18 —	20 —	19 —
19 —	20 —	19 —	21 —	20 —
20 —	21 —	20 —	22 —	21 —
21 —	22 —	21 —	23 —	22 —
22 —	23 —	22 —	24 —	23 —
23 —	24 —	23 —	25 —	24 —
24 —	25 —	24 —	26 —	25 —
25 —	26 —	25 —	27 —	26 —
26 —	27 —	26 —	28 —	27 —
27 —	28 —	27 —	29 —	28 —
28 —	29 —	28 —	30 —	29 —
29 —	30 —	29 —	1 Okt. v. J.	30 —
30 —	1 Okt. v. J.	30 —	2 —	31 —
31 —	2 —	31 —	3 —	1 Febr. d. J.

August.

Tag der Geburt	Empfängnißzeit, falls die Geburt erfolgt ist in einem Nicht=Schaltjahre vom	bis	Schaltjahre vom	bis
1 Aug.	3 Okt. v. J.	1 Febr. d. J.	4 Okt. v. J.	2 Febr. d. J.
2 —	4 —	2 —	5 —	3 —
3 —	5 —	3 —	6 —	4 —
4 —	6 —	4 —	7 —	5 —
5 —	7 —	5 —	8 —	6 —
6 —	8 —	6 —	9 —	7 —
7 —	9 —	7 —	10 —	8 —
8 —	10 —	8 —	11 —	9 —
9 —	11 —	9 —	12 —	10 —
10 —	12 —	10 —	13 —	11 —
11 —	13 —	11 —	14 —	12 —
12 —	14 —	12 —	15 —	13 —
13 —	15 —	13 —	16 —	14 —
14 —	16 —	14 —	17 —	15 —
15 —	17 —	15 —	18 —	16 —
16 —	18 —	16 —	19 —	17 —
17 —	19 —	17 —	20 —	18 —
18 —	20 —	18 —	21 —	19 —
19 —	21 —	19 —	22 —	20 —
20 —	22 —	20 —	23 —	21 —
21 —	23 —	21 —	24 —	22 —
22 —	24 —	22 —	25 —	23 —
23 —	25 —	23 —	26 —	24 —
24 —	26 —	24 —	27 —	25 —
25 —	27 —	25 —	28 —	26 —
26 —	28 —	26 —	29 —	27 —
27 —	29 —	27 —	30 —	28 —
28 —	30 —	28 —	31 —	29 —
29 —	31 —	1 März d. J.	1 Nov. v. J.	1 März d. J.
30 —	1 Nov. v. J.	2 —	2 —	2 —
31 —	2 —	3 —	3 —	3 —

September.

Tag der Geburt	Empfängnißzeit, falls die Geburt erfolgt ist in einem Nicht-Schaltjahre vom	bis	Schaltjahre vom	bis
1 Sept.	3 Nov. v. J.	4 März d. J.	4 Nov. v. J.	4 März d. J.
2 —	4 —	5 —	5 —	5 —
3 —	5 —	6 —	6 —	6 —
4 —	6 —	7 —	7 —	7 —
5 —	7 —	8 —	8 —	8 —
6 —	8 —	9 —	9 —	9 —
7 —	9 —	10 —	10 —	10 —
8 —	10 —	11 —	11 —	11 —
9 —	11 —	12 —	12 —	12 —
10 —	12 —	13 —	13 —	13 —
11 —	13 —	14 —	14 —	14 —
12 —	14 —	15 —	15 —	15 —
13 —	15 —	16 —	16 —	16 —
14 —	16 —	17 —	17 —	17 —
15 —	17 —	18 —	18 —	18 —
16 —	18 —	19 —	19 —	19 —
17 —	19 —	20 —	20 —	20 —
18 —	20 —	21 —	21 —	21 —
19 —	21 —	22 —	22 —	22 —
20 —	22 —	23 —	23 —	23 —
21 —	23 —	24 —	24 —	24 —
22 —	24 —	25 —	25 —	25 —
23 —	25 —	26 —	26 —	26 —
24 —	26 —	27 —	27 —	27 —
25 —	27 —	28 —	28 —	28 —
26 —	28 —	29 —	29 —	29 —
27 —	29 —	30 —	30 —	30 —
28 —	30 —	31 —	1 Dez. v. J.	31 —
29 —	1 Dez. v. J.	1 April d. J.	2 —	1 April d. J.
30 —	2 —	2 —	3 —	2 —

Oktober.

Tag der Geburt	Empfängnißzeit, falls die Geburt erfolgt ist in einem Nicht-Schaltjahre		Schaltjahre	
	vom	bis	vom	bis
1 Okt.	3 Dez. v. J.	3 April d. J.	4 Dez. v. J.	3 April d. J.
2 —	4 —	4 —	5 —	4 —
3 —	5 —	5 —	6 —	5 —
4 —	6 —	6 —	7 —	6 —
5 —	7 —	7 —	8 —	7 —
6 —	8 —	8 —	9 —	8 —
7 —	9 —	9 —	10 —	9 —
8 —	10 —	10 —	11 —	10 —
9 —	11 —	11 —	12 —	11 —
10 —	12 —	12 —	13 —	12 —
11 —	13 —	13 —	14 —	13 —
12 —	14 —	14 —	15 —	14 —
13 —	15 —	15 —	16 —	15 —
14 —	16 —	16 —	17 —	16 —
15 —	17 —	17 —	18 —	17 —
16 —	18 —	18 —	19 —	18 —
17 —	19 —	19 —	20 —	19 —
18 —	20 —	20 —	21 —	20 —
19 —	21 —	21 —	22 —	21 —
20 —	22 —	22 —	23 —	22 —
21 —	23 —	23 —	24 —	23 —
22 —	24 —	24 —	25 —	24 —
23 —	25 —	25 —	26 —	25 —
24 —	26 —	26 —	27 —	26 —
25 —	27 —	27 —	28 —	27 —
26 —	28 —	28 —	29 —	28 —
27 —	29 —	29 —	30 —	29 —
28 —	30 —	30 —	31 —	30 —
29 —	31 —	1 Mai d. J.	1 Jan. d. J.	1 Mai d. J.
30 —	1 Jan. d. J.	2 —	2 —	2 —
31 —	2 —	3 —	3 —	3 —

November.

Tag der Geburt	Empfängnißzeit, falls die Geburt erfolgt ist in einem Nicht-Schaltjahre		Schaltjahre	
	vom	bis	vom	bis
1 Nov.	3 Jan. d. J.	4 Mai d. J.	4 Jan. d. J.	4 Mai d. J.
2 —	4 —	5 —	5 —	5 —
3 —	5 —	6 —	6 —	6 —
4 —	6 —	7 —	7 —	7 —
5 —	7 —	8 —	8 —	8 —
6 —	8 —	9 —	9 —	9 —
7 —	9 —	10 —	10 —	10 —
8 —	10 —	11 —	11 —	11 —
9 —	11 —	12 —	12 —	12 —
10 —	12 —	13 —	13 —	13 —
11 —	13 —	14 —	14 —	14 —
12 —	14 —	15 —	15 —	15 —
13 —	15 —	16 —	16 —	16 —
14 —	16 —	17 —	17 —	17 —
15 —	17 —	18 —	18 —	18 —
16 —	18 —	19 —	19 —	19 —
17 —	19 —	20 —	20 —	20 —
18 —	20 —	21 —	21 —	21 —
19 —	21 —	22 —	22 —	22 —
20 —	22 —	23 —	23 —	23 —
21 —	23 —	24 —	24 —	24 —
22 —	24 —	25 —	25 —	25 —
23 —	25 —	26 —	26 —	26 —
24 —	26 —	27 —	27 —	27 —
25 —	27 —	28 —	28 —	28 —
26 —	28 —	29 —	29 —	29 —
27 —	29 —	30 —	30 —	30 —
28 —	30 —	31 —	31 —	31 —
29 —	31 —	1 Juni d. J.	1 Febr. d. J.	1 Juni d. J.
30 —	1 Febr. d. J.	2 —	2 —	2 —

Dezember.

Tag der Geburt	Empfängnißzeit, falls die Geburt erfolgt ist in einem Nicht-Schaltjahre		Schaltjahre	
	vom	bis	vom	bis
1 Dez.	2 Febr. d. J.	3 Juni d. J.	3 Febr. d. J.	3 Juni d. J.
2 —	3 —	4 —	4 —	4 —
3 —	4 —	5 —	5 —	5 —
4 —	5 —	6 —	6 —	6 —
5 —	6 —	7 —	7 —	7 —
6 —	7 —	8 —	8 —	8 —
7 —	8 —	9 —	9 —	9 —
8 —	9 —	10 —	10 —	10 —
9 —	10 —	11 —	11 —	11 —
10 —	11 —	12 —	12 —	12 —
11 —	12 —	13 —	13 —	13 —
12 —	13 —	14 —	14 —	14 —
13 —	14 —	15 —	15 —	15 —
14 —	15 —	16 —	16 —	16 —
15 —	16 —	17 —	17 —	17 —
16 —	17 —	18 —	18 —	18 —
17 —	18 —	19 —	19 —	19 —
18 —	19 —	20 —	20 —	20 —
19 —	20 —	21 —	21 —	21 —
20 —	21 —	22 —	22 —	22 —
21 —	22 —	23 —	23 —	23 —
22 —	23 —	24 —	24 —	24 —
23 —	24 —	25 —	25 —	25 —
24 —	25 —	26 —	26 —	26 —
25 —	26 —	27 —	27 —	27 —
26 —	27 —	28 —	28 —	28 —
27 —	28 —	29 —	29 —	29 —
28 —	1 März d. J.	30 —	1 März d. J.	30 —
29 —	2 —	1 Juli d. J.	2 —	1 Juli d. J.
30 —	3 —	2 —	3 —	2 —
31 —	4 —	3 —	4 —	3 —

Sachregister.

Citirmethode:

1705[2] bedeutet: Bürgerliches Gesetzbuch § 1705 Anm. 2.
Art. 208[6] bedeutet: Einführungsgesetz z. B.G.B. Art. 208 Anm. 6.

A.

Abfindung des unehelichen Kindes 1714. — Dgl. aus dem Nachlasse des Vaters 1602[3], 1712, 1716[11].

Abhängigkeitsverhältniß 825.

Abkömmlinge des unehelichen Kindes, Stellung bei der Legitimation 1722, 1737. — Dgl. bei der Adoption 1762, 1772. — Begriff der A. bei der Erbfolge 1924[1] ff.

Adel 1706[2].

Adoption s. Annahme.

Adulterini 1705[2], 1732[2].

Affinitas illegitima 1310[6].

Amtsgericht s. Zuständigkeit.

Anfechtung der Ehelichkeit eines Kindes 1594 ff. — A. bei der Ehelichkeitserklärung 1731. — A. bei der Adoption 1755.

Anerkennung eines Kindes als ehelich 1596, 1598. — Anfechtung dieser A. 1599. — A. eines unehelichen Kindes s. Vaterschaft.

Annahme an Kindes Statt 1741 ff. — Eintragung der A. in das Standesregister 1720[6]. — Besonderheiten bei der A. unehelicher Kinder 1747, 1757[6], 1762[1]. — Sorge für die Person in diesem Falle 1765. — Unterhalt in diesem Falle 1766[2]. — Wiederaufhebung der A. in diesem Falle 1770[1], 1772[1]. —

Konkurrenz der A. mit der Ehelichkeitserklärung 1727[5], 1737[6], 1738[1]. — A. des eigenen unehelichen Kindes 1741[3], 1757[3, 6], 1758[3]. — Sorge für die Person in diesem Falle 1765[1]. — Unterhaltspflicht in diesem Falle 1766[2]. — Wiederaufhebung in diesem Falle 1768[2], 1770[1]. — A. durch ein Ehepaar 1749, 1757. — Wiederaufhebung der A. in diesem Falle 1768, 1772[3]. — A. des Kindes eines Ehegatten durch den andern 1757, 1765. — Wiederaufhebung der A. in diesem Falle 1768, 1772[3]. — Anwendung fremden Rechts bei der A. Art. 22. — Uebergangsrecht Art. 209. — Preußische Ausführungsvorschriften betreffs der A. Seite 171 ff.

Anstaltsvorstände s. Vormundschaft.

Arbeitsbuch 1707[6].

Arbeitsvertrag 1822.

Armenverband 1709[6], 1715[9].

Armenverwaltung s. Vormundschaft.

Aufenthaltsbestimmung 1631.

Aufrechnung 847[3], 1710[4, 7].

Aufsicht s. Beaufsichtigung.

Aufwendungen des unehelichen Kindes im mütterlichen Hausstand 1618. — A. der Mutter bei der Sorge für die Person 1648. — A. des Vormundes 1835.

Ausländische Gesetze Art. 18 ff., Art. 30.

Aussetzung des Rechtsstreits 1717[2].

Ausstattung 1624 f.

Aussteuer 1620 ff.

Außereheliche Beiwohnung s. Beiwohnung.

B.

Beaufsichtigung des Kindes 1631. — Schadensersatz wegen vernachlässigter B. 1631[3]. — B. der unehelichen Mutter 1707[9]. — B. der Vormundschaft 1837 ff.

Beerdigungskosten 1615, 1713, 1715[5, 10].

Beistand, Stellung, Rechte und Pflichten 1689 ff., 1707[8], 1793[1], s. auch Vormund.

Beiwohnung, Schadensersatz wegen Verleitung zur B. 825. — Dgl. wegen B. unter Verlobten 1300.

Beneficium competentiae 1603.

Beruf, Kosten der Vorbildung dazu 1610, 1708.

Berufswahl 1629[3], 1631[2].

Besserungsanstalt 1666, 1838.

Bevormundung s. Vormundschaft.

Brautkinder 1705[2], Art. 208.

D.

Defloration 847[5].

Dienstleistungen des unehelichen Kindes 1617.

Dienstvertrag 1822.

Drohung 825.

E.

Ehegatte, Unterhaltspflicht 1608.

Ehehindernisse 1304 ff.

Eheliche Abstammung 1591 ff., Art. 18, Art. 208[3].

Eheliche Kinder, Anwendbarkeit der Vorschriften über die Stellung e. K. 1616[1]. — Internationales Privatrecht betreffs e. K. Art. 19, Art. 28.

Ehelichkeit, Anfechtung der E. 1594 ff.

Ehelichkeitserklärung 1723 ff. (das Nähere s. Inhalt S. VIII). — Zuständigkeit u. Verfahren nach preußischem Recht Seite 170 ff. — Einwilligung in die Eheschließung im Falle der E. 1305. — Auseinandersetzung im Falle noch schwebender E. 1733[2]. — Konkurrenz der Adoption mit der E. 1727[5], 1737[5], 1738[1]. — Bevormundung eines durch E. legitimirten Kindes 1776[1] ff. — Beendigung der Vormundschaft durch E. 1882[1]. — Stellung des durch E. legitimirten Kindes bei der Erbfolge 1924[2] ff., 1925[1] ff., 1926[1] ff., s. a. Legitimation.

Eheschließung, Erfordernisse 1304 ff. — E. des Vaters

eines durch Ehelichkeitserklärung legitimirten Kindes 1740. — E. des Adoptirenden 1761. — E. zwischen dem Adoptirenden und dem Adoptirten 1771.

Einstweilige Verfügung 1716.

Elterliche Gewalt, Anwendung der Grundsätze von der e. G. auf die Rechte der unehelichen Mutter 1627[1]. — Ruhen der e. G. 1676, 1696, 1738. — Endigung der e. G. 1679, 1680, 1697. — Insbesondere bei der Ehelichkeitserklärung 1738. — E. G. der Mutter 1686 ff. — E. G. bei der Adoption 1757[2], [3], [6], 1761[2], 1765, 1771.

Empfängnißzeit 1592, 1717.

Entbindungskosten 1715.

Erbe s. Nachlaß.

Erbfolge 1924 ff.

Erbrecht 1924 ff. — E. bei der Adoption 1757[1], 1759, 1767. — E. des unehelichen Kindes in der Uebergangszeit Art. 208[4].

Erziehung 1631. — Kosten der E. 1610, 1708. — E.'srecht der unehelichen Mutter 1631, 1707, 1714[2].

Erziehungsanstalt 1666, 1838.

exceptio plurium 1717, 1718, 1720[3]. — e. p. bei einem in der Ehe erzeugten unehelichen Kinde 1596[3].

F.

Familie, Unterbringung in einer F. 1666, 1838.

Familienangehörige, Unterhalt v. F. im Todesfalle 1969.

Familiennamen s. Namen.

Fehlgeburt 1715[10].

Fideikommisse 1593[4].

Fürstinnen 1705[1].

G.

Gebrechen 1708.

Gefährdung des Wohles des Kindes 1666.

Geldrente als Unterhalt 1612, 1710.

Gemeinde-Waisenrath 1675, 1694[3].

Geschäft, Dienstleistungen d. unehelichen Kindes im Geschäft der Mutter 1617.
Geschlechtsgemeinschaft, Gepflogene G. als Ehehinderniß 1310.
Gesetzliche Vormundschaft s. Vormundschaft.
Glaubenswechsel Art. 134¹.
Großeltern, Unterhaltspflicht 1709¹. — Erbrecht 1926.

H.

Hauswesen, Dienstleistungen des unehelichen Kindes im mütterlichen Hauswesen 1617.
Herausgabe des Kindes 1632.
Hinterlist 825.

J.

Impfung 1631⁴.
Incestuosi 1705², 1732.

K.

Krankenkassen 1715⁹.
Krankheitskosten 1708⁷.
Konkurs Seite 165.

L.

Lehen 1593⁴.
Legitimation durch nachfolgende Ehe 1719 ff., 1883¹. — L. durch Ehelichkeitserklärung 1723 ff. — Eintragung der L. in das Standesregister 1720⁶. — Beendigung der Vormundschaft durch L. 1882¹, 1883. — Anwendung fremden Rechts bei der L. Art. 22. — Uebergangsrecht betreffs der L. Art. 208⁶, ¹¹, Art. 209, dazu Seite 168.
Lehrvertrag 1629³, 1631², 1822.
Leibesfrucht, Pfleger für die L. 1716³, 1912.
Lohnbeschlagnahme Seite 161, 163 ff.

M.

Meinungsverschiedenheit zwischen Mutter und Vormund 1629, 1676.
Minderjährigkeit der unehelichen Mutter 1676², 1696, 1707¹⁰.

Mißbrauch eines Abhängigkeitsverhältnisses 825. — M. der elterlichen Rechte 1666.

Mutter, uneheliche, Einwilligung in die Eheschließung 1305 ff. — Unterhaltspflicht 1601 ff., 1709. — Stellung der u. M. zum Kinde 1705. — Rechte der u. M. 1707. — Ansprüche der u. M. gegen den Vater 1715, 1716. — Dgl. im Uebergangsrecht Art. 208[7]. — U. M. als Zeugin im Unterhaltsprozesse 1717[1]. — Stellung der u. M. zu dem durch Ehelichkeitserklärung legitimirten Kinde 1738. — Berufung der u. M. als Vormund 1778, 1779[2], 1790[1]. — Insbesondere bei der Vormundschaft über Volljährige 1900. — Auskunftspflicht der u. M. 1839[2], [3]. — Verantwortlichkeit der u. M. 1664, 1833[4]. — Beaufsichtigung 1837[2]. — Erbrecht der u. M. 1925. — Anspruch der u. M. des nasciturus auf Unterhalt 1963, 2141. — Ausländisches Recht betreffs der Rechtsverhältnisse der u. M. Art. 20, s. auch Annahme an Kindes Statt, Minderjährigkeit.

Mutterschaft, Streit über die M. 1705[7].

N.

Nacherbschaft 2141.

Nachlaß, Ansprüche des unehelichen Kindes gegen den N. des Vaters 1712.

Nachlaßgericht 1597.

Namen d. unehelichen Kindes 1706. — Dgl. in der Uebergangszeit Art. 208. — Vor-N. 1706[3]. — Aenderung des N. des unehelichen Kindes 1706, dazu Seite 166. — N. bei der Adoption 1757[6], 1758, 1772.

Naturalverpflegung des unehelichen Kindes 1710, 1714[2], [8].

Nichtige Ehe, Stellung der Kinder aus einer n. E. 1699 ff. — N. E. im Falle der Legitimation 1721.

Notar, Stellung bei notarieller Anerkennung unehelicher Kinder 1718⁶, dazu Seite 168.

Nothbedarf, Einrede des N. 1603.

Nothdürftiger Unterhalt 1611.

O.

Ortskrankenkassen 1715⁹.

P.

Pfändbarkeit Seite 161.

Pflegekindschaft Art. 209¹.

Pflegschaft 1912.

Pflichttheil 2303.

Prinzessinnen 1705¹.

Prozeßkosten 1708⁷.

R.

Reichsständische Familien 1705¹.

Religiöse Erziehung 1708⁸, 1793¹, Art. 134.

S.

Schadensersatz bei Verleitung zur außerehelichen Beiwohnung 825, 842, 847, — Sch. bei Beiwohnung unter Verlobten 1300.

Schwangerschaft, Kosten der Sch. 1715.

Schwägerschaft, Begriff 1590. — Sch. als Ehehinderniß 1310. — Sch. bei d. Ehelichkeitserklärung 1737. — Sch. bei der Adoption 1763.

Sicherheitsleistung 1710³.

Staatsangehörigkeit 11¹, ², 1719⁴. — Verhältnisse der Personen ohne St. Art. 29.

Standesbeamter, Zuständigkeiten 1718² u. Seite 166 f. — Pflichten bei Anmeldung unehelicher Geburten 1773².

Standesmäßiger Unterhalt 1610, 1708⁵.

Standesregister 1718⁶, 1720⁶.

Sorge für die Person, Begriff 1631. — S. f. d. P. beim unehelichen Kinde 1707. — Meinungsverschiedenheiten zwischen Mutter und Vormund bei der S. f. d. P. 1629. — S. f. d. P. beim Ruhen der elterlichen Gewalt 1676, 1696, — bei Heirath der Mutter

1697. — S. f. d. P. im Falle der Ehelichkeitserklärung 1738. — Dgl. bei der Adoption 1765.
Sorgfalt bei Ausübung der elterlichen Rechte 1664, 1833[4].

T.

Taufe 1708[8].
Tod, Einfluß auf den Unterhaltsanspruch 1615, 1712, 1713.
Todtgeburt 1715.

U.

Uebergangsvorschriften Art. 208 ff., dazu Seite 168. — Ue. im Erbrecht 1924[1].
Uneheliche Kinder, Internationales Privatrecht betreffs ihrer Art. 20 ff. — Uebergangsvorschriften s. vorstehend.
Unehelichkeit eines Kindes, Begriff 1591[1], 1705[3], Art. 18[1]. — Geltendmachung der U. 1593 ff.
Unpfändbare Forderungen Seite 161.
Unterhalt, Begriff 1610, 1708. — U. für die Vergangenheit 1613, 1711. — U. für die Zukunft 1614, 1714. — Vorausleistung des U. 1614, 1710. — U. der Kinder aus nichtigen Ehen 1703. — Verjährung des U.'s-Anspruchs 1710[10]. — Vereinbarung über den U. 1714. — Verzicht auf den U. 1614, 1714. — U. der unehelichen Mutter nach der Entbindung 1715. — Sicherung des U. durch einstweilige Verfügung 1716. — U. der Mutter des nasciturus 1963, 2141. — U. von Familienangehörigen im Todesfalle 1969.
Unterhaltspflicht der Verwandten 1601 ff. — Einfluß des Todes auf die U. 1615. — U. des außerehelichen Vaters 1708 ff. (das Nähere s. Inhalt S. VII). — U. im Falle der Ehelichkeitserklärung 1739. — U. im Falle der Adoption 1766, 1772[1]. — U. nach ausländischem Recht Art. 21. — U. in d. Uebergangszeit Art. 208.
Unterstützungswohnsitz 11[1], 1719[4].
Urgroßeltern, Erbrecht 1928.

V.

Vater, außerehelicher, Unterhaltspflicht des a. V. 1601[1], 1708 ff., — im Falle der Adoption 1766[2,3], 1772[1], — in der Uebergangszeit Art. 208. — Beschwerderecht des a. V. 1714[6]. — Pflichten des a. V. gegen die Mutter 1715. — Ausländisches Recht betreffs der Pflichten des a. V. Art. 21.

Vaterschaft, außereheliche, Feststellung 1717, 1720, 1883. — Anerkennung der a. V. 1718, 1720, 1725, 1883. — Zuständigkeit hierfür und Verfahren Seite 167, 174. — A. V. im Uebergangsrecht Art. 208, ferner Seite 168.

Vereinbarung über den Unterhalt 1714.

Verhinderung bei Ausübung der elterlichen Rechte 1665, 1707[7].

Verjährung zwischen Eltern und Kindern 204. — V. der Ansprüche einer Verlobten aus der Beiwohnung 1302. — Hindernisse der V. 1594[2]. — V. des Unterhaltsanspruchs 1710[10]. — V. der Ansprüche der unehelichen Mutter 1715.

Verlobte, Beiwohnung unter V.n 1300.

Vermögensverwaltung, Freiwillige Uebertragung der V. 1619.

Vermögensverzeichniß 1760.

Vernachlässigung des Kindes 1666.

Verschwägerte, Anhörung von V. 1308, 1673, 1847. — V. als Vormünder 1779, — s. auch Schwägerschaft.

Verwandte, Anhörung von V. 1308, 1673, 1847. — Unterhaltspflicht der V. 1601 ff. — V. als Vormünder 1779.

Verwandtschaft, Begriff 1589. — V. als Ehehinderniß 1310. — V. des unehelichen Kindes mit seinem Vater 1589, Art. 208[6]. — V. des unehelichen Kindes im Falle der Ehelichkeitserklärung 1737, 1847[1]. — V. im Falle der Adoption 1763, 1764.

Verwirkung der elterlichen Gewalt 1680, 1771.

Verzicht auf den Unterhalt 1614, 1714.

Verzug 1711[1].

Volljährigkeitserklärung 1847.

Vorauszahlung des Unterhalts 1614, 1710.

Voreltern, Erbrecht 1929.

Vorläufige Vollstreckbarkeit Seite 160 § 708.

Vormund des unehelichen Kindes, Stellung des V. als Beistand 1696, 1707, 1793[1]. — Aufsicht über den V. in diesem Falle 1837[1], 1839[1, 2]. — Verantwortlichkeit des V. 1833. — Aufwendungen des V. 1835. — Vergütung 1836.

Vormundschaft, Anordnung der V. 1773 ff. — Führung der V. 1793 ff. — Beendigung der V. 1882 ff. — V. über uneheliche Kinder 1707[2], 1773[1], 1775[1]. — Berufung zur V. 1776[1] ff., 1778 ff. — Gesetzliche V. von Anstaltsvorständen oder Beamten der Armenverwaltung für uneheliche Kinder Art. 136, dazu Seite 169. — V. über Volljährige 1899 ff., — s. auch Mutter.

Vormundschaftsgericht, Befugnisse in Unterhaltssachen 1612, — Dgl. bei Meinungsverschiedenheiten zwischen Mutter und Vormund 1629. — Unterstützungspflicht des V. bei der Erziehung 1631. — Einschreiten des V. gegen die Mutter 1666 ff., 1689. — Fürsorge und Aufsicht des V. 1837 ff.

Vormundschaftsrichter, Pflichtverletzung 1674.

W.

Wiederkehrende Leistungen Seite 159 f. §§ 258, 323.

Wiederverheirathung 1600.

Wohnsitz 11.

Z.

Züchtigungsrecht 1689[5].

Zuchtmittel 1631.

Zuständigkeit der Amtsgerichte Seite 159 und 166 f.

Druck von Otto Walter, Berlin S.

Verzeichniß

der

Guttentag'schen Sammlung

Deutscher Reichsgesetze

und

Preußischer Gesetze.

Text-Ausgaben mit Anmerkungen und Sachregister.

Taschenformat.

Berlin.

J. Guttentag, Verlagsbuchhandlung,
G. m. b. H.

Guttentag'sche Sammlung

Deutscher Reichsgesetze.

Text-Ausgaben mit Anmerkungen. Taschenformat.

---

1. **Verfassung** des Deutschen Reichs. Gegeben Berlin, den 16. April 1871. Von Dr. **L. von Rönne.** Achte neubearbeitete Auflage von **Paul von Rönne,** Landrath. 1 M. 60 Pf.

2. **Strafgesetzbuch** für das Deutsche Reich. Nebst den gebräuchlichsten Reichs-Strafgesetzen: Presse, Personenstand, Nahrungsmittel, Entziehung elektrischer Arbeit, Kranken-, Unfall-, Invalidenversicherung, Gewerbeordnung, unlauterer Wettbewerb, Depot- und Börsengesetz u. s. w. Von Dr. **H. Rüdorff.** Zwanzigste Auflage von Dr. **H. Appelius,** Kammergerichtsrath. Gebunden in ganz Leinen 1 M. 20 Pf.

3. **Militärstrafgerichtsordnung** nebst Einführungsgesetz und Gesetz, betr. die Dienstvergehen der richterlichen Militärjustizbeamten und die unfreiwillige Versetzung derselben in eine andere Stelle oder in den Ruhestand. Von Dr. **P. Herz,** Geh. Admiralitätsrath. Zweite Auflage. Geb. in ganz Leinen 3 M.

4. **Handelsgesetzbuch vom 10. Mai 1897** unter Ausschluß des Seerechts. Mit den ergänzenden Vorschriften des Bürgerlichen Gesetzbuchs und Erläuterungen herausgegeben von **F. Litthauer,** Justizrath. Zwölfte Auflage. Geb. in ganz Leinen 2 M. 80 Pf.

5. Allgemeine Deutsche **Wechselordnung.** Siebente Auflage von Dr. **E. Ball,** Rechtsanwalt, und das Reichsgesetz über die **Wechselstempelsteuer.** Sechste Auflage von Reg.-Assessor **P. Loeck.** 1897. 2 M. Neue Auflage in Vorbereitung.

6. **Gewerbeordnung** für das Deutsche Reich in der Fassung der Bekanntmachung vom 26. Juli 1900 nebst Ausführungsbestimmungen. Von **T. Ph. Berger,** fortgeführt von Dr. **Wilhelmi,** Geh. Ober-Regierungsrath. Sechzehnte vermehrte Auflage. Im Druck.

7. Die deutsche **Post- und Telegraphen-Gesetzgebung.** Nebst dem Weltpostvertrag und dem internationalen Telegraphenvertrag. Von Dr. **P. D. Fischer,** Unterstaatssekretär im Reichs-Postamt. Vierte Auflage. 1895. 2 M. 60 Pf.

8. Die Reichsgesetze über den **Unterstützungswohnsitz** in der Fassung der Novelle vom 12. März 1894 die **Freizügigkeit,** den **Erwerb** und **Verlust** der

Bundes- und Staatsangehörigkeit, nebst allen landesgesetzlichen Bestimmungen. Von Geheimrath Dr. **J. Krech,** Mitglied des Bundesamtes für das Heimathwesen. Vierte Auflage. 2 M. 25 Pf.

9a. Sammlung **kleinerer privatrechtlicher Reichsgesetze.** Von **F. Vierhaus,** Geh. Ober-Justizrath. Zweite Auflage in Vorbereitung.

9b. Sammlung **kleinerer strafrechtlicher Reichsgesetze.** Von **M. Werner,** Geh. Ober-Regierungsrath. Zweite Auflage im Druck.

10. **Das Reichsbeamtengesetz** vom 31. März 1873 und seine Ergänzungen. Erläutert von **J. Pieper,** Geh. Ober-Regierungsrath. 3 M. 30 Pf.

11. **Civilprozeßordnung mit Einführungsgesetzen,** Nebengesetzen und Ergänzungen. In der Fassung des Gesetzes vom 17. Mai 1898. Unter besonderer Berücksichtigung der Entscheidungen des Reichsgerichts herausgegeben mit Anmerkungen von **R. Sydow,** Direktor im Reichs-Postamt und **L. Busch,** Kammergerichtsrath. Achte Auflage. 8°. Geb. in ganz Leinen 4 M.

Dieser Band ist in größerem Format erschienen!

12. **Strafprozeßordnung und Gerichtsverfassungsgesetz** in der vom 1. Januar 1900 ab geltenden Fassung, nebst dem **Gesetz, betreffend die Entschädigung der im Wiederaufnahmeverfahren freigesprochenen Personen.** Von **A. Hellweg,** Reichsgerichtsrath. Elfte Auflage. Geb. in ganz Leinen 2 M.

13. **Konkursordnung und Anfechtungsgesetz** mit Einführungs- und Nebengesetzen. In der Fassung der Gesetze vom 17. Mai 1898. Unter besonderer Berücksichtigung der Entscheidungen des Reichsgerichts herausgegeben mit Anmerkungen von **R. Sydow,** Direktor im Reichs-Postamt und **L. Busch,** Kammergerichtsrath. Achte Auflage. Geb. in ganz Leinen 1 M. 80 Pf.

14. **Gerichtsverfassungsgesetz** mit Einführungsgesetz, Nebengesetzen und Ergänzungen. In der Fassung des Gesetzes vom 17. Mai 1898. Unter Berücksichtigung der Entscheidungen des Reichsgerichts herausgegeben von **R. Sydow,** Direktor im Reichs-Postamt und **L. Busch,** Kammergerichtsrath. Achte Auflage. 1 M. 20 Pf.

15. **Das deutsche Gerichtskostengesetz nebst den Gebührenordnungen für Gerichtsvollzieher, Zeugen und Sachverständige.** In der Fassung vom 20. Mai 1898. Unter besonderer Berücksichtigung der Entscheidungen

des Reichsgerichtes herausgegeben mit Anmerkungen und Kostentabellen von **R. Sydow**, Direktor im Reichspostamt und **L. Busch**, Kammergerichtsrath. Sechste vermehrte Auflage. Geb. in ganz Leinen 1 M. 50 Pf.

16. **Rechtsanwaltsordnung.** Von **R. Sydow**, Direktor im Reichspostamt. Vierte Auflage von Dr. **E. Mosler**, Gerichtsassessor. Geb. in ganz Leinen 1 M. 20 Pf.

17. Die **Deutsche Gebührenordnung für Rechtsanwälte und das Preußische Gebührengesetz** vom 27. September/6. Oktober 1899. Von **R. Sydow**, Direktor im Reichspostamt und **L. Busch**, Kammergerichtsrath. Sechste Auflage. Geb. in ganz Leinen 1 M. 50 Pf.

18. **Reichsstempelgesetz (Börsensteuergesetz)** v. 14. Juni 1900, mit den Ausführungsbestimmungen, einem Auszug aus den Gesetzes-Materialien und den Entscheidungen der Verwaltungsbehörden und des Reichsgerichts. Achte Auflage von **P. Loeck**, Regierungsrath. Geb. in ganz Leinen 3 M. 30 Pf.

19. Die **Seegesetzgebung** des Deutschen Reiches. Nebst den Entscheidungen des Reichsoberhandelsgerichts, des Reichsgerichts und der Seeämter. Von Dr. **W. E. Knitschky**, Landgerichtsrath. Zweite Auflage. 3 M. 80 Pf.

20. **Krankenversicherungsgesetz** vom 15. Juni 1883 in der Fassung der Novelle vom 10. April 1892. Von Dr. **E. von Woedtke,** Direktor im Reichsamt des Innern. Siebente Auflage. 2 M.

21. Die **Konsulargesetzgebung** des Deutschen Reiches. Von Professor Dr. **Ph. Zorn.** Zweite Auflage im Druck.

22a. **Patentgesetz. Gesetz, betreffend den Schutz von Gebrauchsmustern. Gesetz, betreffend das Urheberrecht an Mustern und Modellen.** Nebst Ausführungsbestimmungen unter eingehender Berücksichtigung der Rechtsprechung des Reichsgerichts und der Praxis des Patentamts. Erläutert von Dr. **R. Stephan,** Regierungsrath, Mitglied des Kaiserlichen Patentamts. Fünfte vermehrte Auflage. Geb. in ganz Leinen 2 M.

22b. **Gesetz zum Schutz der Waarenbezeichnungen.** Nebst Ausführungsbestimmungen. Von Dr. **R. Stephan,** Regierungsrath, Mitglied des Kaiserlichen Patentamts. Vierte vermehrte Auflage. 1 M.

23. **Gewerbe-Unfallversicherungsgesetz** und Gesetz, betr. die Abänderung der Unfallversicherungsgesetze vom 30. Juni 1900 in der Fassung der Bekanntmachung vom 5. Juli 1900 nebst Ausführungsverordnungen. Von Dr. **E. v. Woedtke,** Direktor im Reichsamt des Innern. Sechste umgearbeitete Auflage. Geb. in ganz Leinen 2 M. 50 Pf.

24. **Aktiengesellschaft und Kommanditgesellschaften auf Aktien.** (Handelsgesetzbuch, II. Buch, Abschnitt 3 und 4.) Mit erläuternden Anmerkungen von **H. Keyssner,** Kammergerichtsrath und Dr. **H. Veit Simon,** Rechtsanwalt. Fünfte Auflage. Bearbeitet von Dr. **Hugo Keyssner** u. **L. Keyssner.** Geb. in ganz Leinen 2 M. 25 Pf.

25. Reichsgesetz wegen **Erhebung der Brausteuer** vom 31. Mai 1872 mit Ausführungsvorschriften. Von **E. Bertho,** Regierungsrath. 1885. 1 M. 60 Pf.

26. Die Reichsgesetzgebung über **Münz- und Notenbankwesen,** Papiergeld, Prämienpapiere und Reichsschulden. Von Dr. jur. **R. Koch,** Präsident des Reichsbankdirektoriums. Vierte Auflage. Geb. in ganz Leinen 3 M.

27. Die Gesetzgebung, betr. das **Gesundheitswesen** im Deutschen Reich für Behörden, Aerzte rc. Von Dr. jur. **C. Goesch** und Dr. med. **J. Karsten.** 1888. 1 M. 60 Pf.

28. **Bau-Unfallversicherungsgesetz.** Vom 30. Juni 1900 in der Fassung der Bekanntmachung vom 5. Juli 1900. Von **R. Chrzescinski,** Kaiserl. Regierungsrath a. D., ehemaligem ständigen Mitglied des Reichs-Versicherungsamts. Dritte Auflage. Geb. in ganz Leinen 2 M.

29. Reichsgesetz, betr. die **Erwerbs- und Wirthschaftsgenossenschaften.** In der vom 1. Januar 1900 ab geltenden Fassung. Von **L. Parisius** und Dr. **H. Crüger.** Achte Auflage. Geb. in ganz Leinen. 1 M. 50 Pf.

30. **Invalidenversicherungsgesetz** vom 13. Juli 1899, in der Fassung der Bekanntmachung vom 19. Juli 1899. Von Dr. **E. v. Woedtke,** Director im Reichsamt des Innern. Siebente erweiterte Auflage. Geb. in ganz Leinen 2 M. 50 Pf.

31. Reichsgesetz, betr. die **Gewerbegerichte.** Von **L. Mugdan.** Vierte Auflage. Bearbeitet von **Cuno,** Stadtrath und stellvertretender Vorsitzender des Gewerbegerichts zu Königsberg i. Pr. 1 M. 80 Pf.

32. Reichsgesetz, betr. die **Gesellschaften mit beschränkter Haftung.** In der vom 1. Januar 1900 ab geltenden Fassung. Von **L. Parisius** und Dr. **H. Crüger.** Vierte vermehrte und verbesserte Auflage. 1 M.

33. Das **Vereins- und Versammlungsrecht** in Deutschland. Von Dr. **E. Ball,** Rechtsanwalt. 2 M. 25 Pf.

34. Reichsgesetz, betreffend die **Abzahlungsgeschäfte.** Vom 16. Mai 1894. Von **J. Hoffmann,** Geheimer Regierungsrath. 95 Pf.

35. **Die Reichs-Eisenbahngesetzgebung.** Von **W. Coermann,** Kaiserl. Amtsrichter. 1895. 2 M. 25 Pf.

36. Gesetze, betr. die **privatrechtlichen Verhältnisse der Binnenschiffahrt und der Flößerei.** Nach den Materialien erläutert von **H. Makower.** Unter Berücksichtigung der am 1. Januar 1900 in Kraft tretenden Reichsgesetze bearbeitet von **E. Löwe,** Landgerichtsrath. Zweite veränderte Auflage. 2 M.

37. Gesetz zur **Bekämpfung des unlauteren Wettbewerbes.** Vom 27. Mai 1896. Von Dr. **R. Stephan,** Regierungsrath. Zweite Auflage. 80 Pf.

38/39. **Bürgerliches Gesetzbuch nebst Einführungsgesetz.** In Verbindung mit Professor Dr. **André,** Geh. Justizrath **Greiff,** Amtsrichter **Ritgen,** I. Staatsanwalt Dr. **Unzner,** z. Z. Schriftführer bei der Kommission für die zweite Lesung des Entwurfs eines Bürgerlichen Gesetzbuchs, herausgegeben von Reichsgerichtsrath Dr. **A. Achilles,** z. Z. Kommissar des Reichs-Justizamts bei derselben Kommission. Dritte vermehrte und verbesserte Auflage. 8°. Geb. in ganz Leinen 6 M.

Dieser Band ist in größerem Format erschienen!

40. Gesetz, betr. die **Pflichten der Kaufleute bei Aufbewahrung fremder Werthpapiere (Depotgesetz).**

Vom 5. Juli 1896. Mit Erläuterungen, Einleitung und Sachregister. Von **F. Lusensky,** Geh. Regierungsrath. 90 Pf.

41. **Börsengesetz.** Vom 22. Juni 1896. Nebst den dazu erlassenen Ausführungsbestimmungen. Unter Mitwirkung des Geh. Ober-Regierungsrathes **A. Wermuth** bearbeitet von **H. Brendel,** Gerichts-Assessor, Hülfsarbeiter im Reichsamt des Innern. 1 M. 50 Pf.

42. **Grundbuchordnung** für das Deutsche Reich nebst den preußischen Ausführungsbestimmungen. Mit Einleitung von Professor Dr. **O. Fischer.** Zweite Auflage. Geb. in ganz Leinen 1 M. 80 Pf.

43. Die Gesetzgebung, betr. die **Zwangsvollstreckung in das unbewegliche Vermögen** im Reiche und in Preußen. Text-Ausgabe mit Einleitung, Anmerkungen, Kosten- und Gebührentabellen und Sachregister. Von Dr. **J. Krech,** Kaiserl. Geh. Regierungsrath und Professor Dr. **O. Fischer.** Dritte Auflage. Geb. in ganz Leinen 2 M.

44. Das Reichsgesetz über das **Auswanderungswesen** vom 9. Juni 1897 nebst Ausführungsverordnungen und Anlagen. Nach den Materialien und unter Benutzung amtlicher Quellen erläutert von Professor Dr. **Felix Stoerk.** 2 M. 25 Pf.

45. **Das Entmündigungsrecht** unter Berücksichtigung der für Preußen geltenden Vorschriften nebst der preußischen Justiz-Ministerial-Verfügung vom 28. November 1899. Text der civil- und prozeßrechtlichen Bestimmungen mit Erläuterungen von Landgerichtsrath Dr. **P. Koll** in Cöln. Geb. in ganz Leinen 1 M. 50 Pf.

46. Die Gesetze des Reiches und Preußens über die **freiwillige Gerichtsbarkeit.** Mit Einleitung von **Herm. Jastrow,** Amtsgerichtsrath. Zweite, erweiterte Auflage. Geb. in ganz Leinen 2 M. 80 Pf.

47. Das **deutsche Vormundschaftsrecht** und das preuß. Gesetz, betr. die Unterbringung verwahrloster Kinder, vom 13. März 1878 nebst den dazu gehörigen preußischen Nebengesetzen und allgemeinen Verfügungen. Mit Einleitung und Erläuterungen von **Max Schultzenstein,** Oberverwaltungsgerichtsrath und Amtsgerichtsrath Dr. **Paul Köhne.** 2 M. 80 Pf.

48. Gesetze und Verordnungen, betreffend den **Drogen-, Gift- und Farbenhandel** außerhalb der Apotheken, unter besonderer Berücksichtigung des Königreichs Preußen. Von Dr. **Broh,** Rechtsanwalt. 1 M. 25 Pf.

49. Die **Kolonialgesetzgebung.** Von Prof. Dr. **Philipp Zorn.** Geb. in ganz Leinen ca. 6 M.

50. Der **Viehkauf** (Viehgewährschaft) nach dem Bürgerlichen Gesetzbuche. Mit Erläuterungen und Sachregister von Dr. **Hans Stölzle,** Rechtsanwalt in Kempten. Nebst einem Anhang: Verordnung, betreffend die Hauptmängel und Gewährsfristen beim Viehhandel. Vom 27. März 1899. Erläutert von **Heinrich Weiskopf,** Königl. Kreisthierarzt in Augsburg. Zweite Auflage. Geb. in ganz Leinen 2 M.

51. **Hypothekenbankgesetz** vom 13. Juli 1899. Von Dr. **H. Göppert,** Gerichts-Assessor. Geb. in ganz Leinen 1 M. 80 Pf.

52. Gesetz, betreffend die gemeinsamen **Rechte der Besitzer von Schuldverschreibungen.** Vom 4. Dezember 1899. Von Dr. **Heinrich Göppert,** Gerichts-Assessor. Geb. in ganz Leinen 2 M.

53. **Reichspreßgesetz** vom 7. Mai 1874 nebst den einschlägigen Bestimmungen des Strafgesetzbuchs, der Gewerbeordnung ꝛc. Kommentar von **A. Born,** Polizeiassessor. Geb. in ganz Leinen 1 M. 50 Pf.

54. Die Reichsgesetzgebung über den Verkehr mit **Nahrungsmitteln, Genußmitteln** und **Gebrauchsgegenständen.** Von Dr. **Lebbin,** Nahrungsmittelchemiker. Geb. in ganz Leinen 2 M. 25 Pf.

55. Das Recht der **Beschlagnahme von Lohn- und Gehaltsforderungen.** Auf Grundlage der Reichsgesetze vom 21. Juni 1869 u. 29. März 1897 und der Civil-

prozeßordnung. Von Rechtsanwalt **Georg Meyer.** Geb. in ganz Leinen 1 M. 50 Pf.

56. Gesetz, betr. die **Bekämpfung gemeingefährlicher Krankheiten.** Vom 30. Juni 1900. Nebst Ausführungsbestimmungen. Von Geh. Regierungsrath Dr. **Burkhardt.** Geb. in ganz Leinen 1 M. 40 Pf.

57. **See-Unfallversicherungsgesetz** vom 30. Juni 1900 in der Bekanntmachung des Reichskanzlers vom 5. Juli 1900. Vom Oberlandesgerichtsrath **Dr. Mittelstein** in Hamburg. Geb. in ganz Leinen. 2 M.

58. **Das Recht der unehelichen Kinder.** Text-Ausgabe aller einschlägigen Bestimmungen des Bürgerlichen Gesetzbuches von **Hermann Jastrow,** Amtsgerichtsrath zu Berlin. Geb. in ganz Leinen 1 M. 80 Pf.

Guttentag'sche Sammlung Preußischer Gesetze.

Text-Ausgaben mit Anmerkungen. Taschenformat.

1. Die **Verfassungs-Urkunde** für den Preußischen Staat. Mit Einleitung, vollständigem Kommentar und Anlagen von Prof. Dr. **Adolf Arndt.** Vierte, gänzlich umgearbeitete und verbesserte Auflage. Geb. in ganz Leinen 2 M. 50 Pf.

2. Preußische **Beamten-Gesetzgebung.** Enthaltend die wichtigsten Beamtengesetze in Preußen. Von **C. Pfafferoth.** Dritte Auflage. 1 M. 50 Pf.

3. Die Preuß. Gesetzgebung, betr. die **Zwangsvollstreckung in das unbewegliche Vermögen.** Von Dr. **J. Krech,** Kais. Geh. Regierungs-Rath und Prof. Dr. **O. Fischer.** Dritte Auflage. Vergriffen.
Siehe: Reichsgesetze Nr. 43.

4. **Gebührenordnung** für **Notare** vom 25. Juni 1895 in der Fassung der Bekanntmachung vom 6. Oktober 1899 nebst den einschlägigen Vorschriften des Preußischen Gerichtskostengesetzes. Von **R. Sydow,** Direktor im Reichspostamt. Zweite Auflage bearbeitet von Dr. **E. Mosler,** Gerichtsassessor. Geb. in ganz Leinen. 1 M. 50 Pf.

5. **Gesetz vom 24. April 1854 (betr. die außereheliche Schwängerung)** und die daneben geltenden Bestimmungen des Allgemeinen Landrechts nebst nebst dazu ergangenen Präjudikaten. Von Dr. **Schulze.** 75 Pf. Siehe Reichsgesetze: Nr. 58.

6. Die Preußischen **Ausführungsgesetze und Verordnungen zu den Reichs-Justizgesetzen.** Von **R. Sydow.** Dritte vermehrte Auflage. 2 M. 40 Pf.

7. **Allg. Gerichtsordnung** vom 6. Juli 1793 und Preuß. **Konkursordnung** vom 8. Mai 1885. Von **F. Vierhaus,** Geh. Ober-Justizrath. **Vergriffen.**

8. **Vormundschaftsordnung** vom 5. Juli 1875, nebst allen Nebengesetzen und den dazu erlassenen Allgemeinen Verfügungen. Von Oberverwaltungsgerichtsrath **Schultzenstein.** Dritte Auflage. 1 M. 50 Pf. Siehe: Reichsgesetze Nr. 47.

9. Die Preußische **Grundbuchgesetzgebung.** Mit Einleitung, Formularen, Kosten- und Stempeltabellen. Von Prof. Dr. **Fischer.** Dritte Auflage. Vergriffen. Siehe: Reichsgesetze Nr. 42.

10. **Einkommensteuergesetz.** Vom 24. Juni 1891. Von Geheimrath **Meitzen.** Vierte vermehrte Auflage von **A. Fernow,** Ober-Regierungsrath. 1 M. 50 Pf.

11. **Gewerbesteuergesetz.** Vom 24. Juni 1891. Von **A. Fernow,** Ober-Regierungsrath. Dritte vermehrte Auflage. 1 M. 25 Pf.

12. **Allgemeines Berggesetz** für die preußischen Staaten. Vom 24. Juni 1865, und die auf dasselbe bezüglichen Gesetze und Verordnungen. Von **E. Engels,** Ober-Bergrath. Zweite Auflage. 1 M. 60 Pf.

13. **Ergänzungssteuergesetz** (Vermögenssteuergesetz). Vom 14. Juli 1893. Von **A. Fernow,** Ober-Regierungsrath. Zweite vermehrte Auflage. 1 M.

14. **Kommunalabgabengesetz.** Vom 14. Juli 1893 und Gesetz wegen Aufhebung direkter Staatssteuern. Vom 14. Juli 1893. Von **F. Adickes,** Oberbürgermeister. Zweite Auflage. 1 M. 25 Pf.

15. Die **Kreisordnungen** für den Preußischen Staat. Von **O. Kolisch,** Landgerichtsrath. 1894. 4 M.

16. Preuß. Ausführungs-Anweisung zu §§. 16 u. ff. der Reichs-Gewerbe-Ordnung, betr. **Genehmigung gewerblicher Anlagen.** Von Dr. **von Rüdiger,** Regierungs- und Gewerberath. 1895. 1 M. 50 Pf.

17. Preußisches **Gerichtskostengesetz.** Vom 25. Juni 1895. In der Fassung der Bekanntmachung vom 6. Oktober 1899. Mit Kostentabellen. Von Dr. **P. Siméon,** Landrichter. Dritte Auflage. Geb. in ganz Leinen 1 M. 80 Pf.

18. Preußisches **Stempelsteuergesetz.** Vom 31. Juli 1895. Nebst den Entscheidungen des Reichsgerichts und Erlassen der Verwaltungsbehörden und ausführlichen Tabellen. Von **B. Gaupp,** Geh Regierungsrath und Regierungsassessor **P. Loeck.** Vierte Auflage. 3 M. 30 Pf.

19. **Das Jagdscheingesetz** vom 31. Juli 1895. Mit ausführlichen Erläuterungen nebst der Ausführungsverfügung vom 2. August 1898 und den Gesetzgebungsmaterialien. Von **F. Kunze,** Wirklichem Geh. Ober-Regierungsrath. Zweite Auflage. Geb. in ganz Leinen 2 M.

20. Gesetz, betr. die **Erbschaftssteuer.** Vom 19./24. Mai 1891 unter Berücksichtigung der Novelle vom 31. Juli 1895. Mit ausführlichen Erläuterungen von **P. Loeck,** Regierungsassessor. 1 M. 80 Pf.

21. Gesetz über die **Handelskammern.** Vom 19. August 1897. Mit Erläuterungen, geschichtlicher Einleitung sowie einer Uebersicht des Bestandes der kaufmännischen Vertretungen. Von **F. Lusensky,** Geh. Regierungsrath und vortragender Rath im Ministerium für Handel und Gewerbe 3 M.

22. Gesetz, betr. **Anstellung und Versorgung der Kommunalbeamten.** Vom 30. Juli 1899. Mit einem Anhang, enthaltend die preußische Ausführungsanweisung. Von Dr. **W. Ledermann,** Magistratsassessor zu Berlin. 1 M. 25 Pf.

23. **Ausführungsgesetz zum Bürgerlichen Gesetzbuche** vom 20. September 1899. Von Landrichter Dr. **P. Siméon.** Geb. in ganz Leinen 1 M. 60 Pf.

24. Die **Hinterlegungsordnung** vom 14. März 1879 in der Fassung des Preußischen Ausführungsgesetzes zum Bürgerlichen Gesetzbuche vom 20. September 1899 nebst Ausführungsbestimmungen. Unter Benutzung der amtlichen Erlasse und Entscheidungen des Finanzministers. Von Regierungsassessor Dr. **Georg Bartels.** Geb. in ganz Leinen 1 M. 50 Pf.

25. **Preußisches Kommunalbeamtenrecht,** enthaltend die wichtigsten Bestimmungen über die Rechtsverhältnisse der Beamten der preußischen Landgemeinden, Landbürgermeistereien, Aemter, Amtsbezirke, Städte, Kreise, Bezirksverbände, Provinzen sowie der Gemeindeforstbeamten mit Ausschluß der Kommunalbeamten der Hohenzollernschen Lande. Text-Ausgabe mit kurzen Anmerkungen, einem chronologischen Verzeichniß der abgedruckten Gesetze, Verordnungen und sonstigen Bestimmungen. Von Magistratsassessor Dr. jur. **Krempski.** Im Druck.

26. Die **Preußischen Gesetze** über das **Diensteinkommen der Lehrer und Lehrerinnen, ihren Ruhegehalt und die Fürsorge für ihre Hinterbliebenen** nebst den zugehörigen Ausführungsbestimmungen, sonstigen Ministerialerlassen und den wichtigsten einschlägigen Gesetzen sowie einer Tabelle zur Berechnung der Ruhegehalts-, Wittwen- und Waisenbezüge. Text-Ausgabe mit Einleitung, Anmerkungen und Sachregister von Dr. **Ed. Cremer,** Beigeordneter. Geb. in ganz Leinen 2 M. 40 Pf.

27. Gesetz, betreffend die **Waarenhaussteuer.** Vom 18. Juli 1900. Von Geh. Ober-Finanzrath Dr. **G. Strutz.** Geb. in ganz Leinen 1 M. 20 Pf.

28. Gesetz über die **Fürsorgeerziehung Minderjähriger.** Vom 2. Juli 1900. Nebst Ausführungsanweisung. Von Landgerichtsrath Dr. **Aschrott.** Geb. in ganz Leinen. Im Druck.

Guttentag'sche Sammlung von Text-Ausgaben mit Sachregister ohne Anmerkungen.

Handelsgesetzbuch nebst **Einführungsgesetz.** Vom 10. Mai 1897. 1 M. 80 Pf.

Gesetz, betr. die **Abänderung der Gewerbeordnung** (Neues Handwerkergesetz). Vom 26. Juli 1897. 90 Pf.

Gewerbeordnung für das Deutsche Reich. In der Fassung der Bekanntmachung vom 26. Juli 1900. (Reichs-Gesetzblatt Nr. 47, ausgegeben am 15. Oktober 1900.) 1 M. 20 Pf.

Militärstrafgerichtsordnung für das Deutsche Reich, nebst **Einführungsgesetz** und Gesetz, betr. die Dienstvergehen der richterlichen Militärjustizbeamten und die unfreiwillige Versetzung derselben in eine andere Stelle oder in den Ruhestand. Vom 1. Dezember 1898. 1 M. 50 Pf.

Die Preußischen Ausführungsgesetze zum Bürgerlichen Gesetzbuche, zum Gesetz, betr. Aenderung der Civilprozeßordnung vom 17. Mai 1898, zum Gesetz über die Zwangsversteigerung und die Zwangsverwaltung, zur Grundbuchordnung und zum Handelsgesetzbuch. Preuß. Gesetz über die freiwillige Gerichtsbarkeit und Gesetz, enthaltend die landesgesetzlichen Vorschriften über die Gebühren der Rechtsanwälte und der Gerichtsvollzieher. Fünfte Auflage. 1 M. 80 Pf.

Reichsstempelgesetz (Börsensteuergesetz) in der Fassung der Bekanntmachung vom 14. Juni 1900. Mit Ausführungsbestimmungen, einem Anhang, enthaltend Tabellen zur Berechnung der Reichsstempelabgaben und Sachregister. 1 M. 50 Pf.

Adickes, F., Oberbürgermeister in Frankfurt a. M. Das Kommunalabgabengesetz vom 14. Juli 1893. Für den praktischen Gebrauch mit einer geschichtlichen Einleitung und Erläuterungen versehen, sowie mit einem die Ausführungsanweisung berücksichtigenden Nachtrag. 8°. Kartonnirt 6 M.

Arndt, Dr. Adolf, Oberbergrath und Prof. Verfassung des Deutschen Reichs. Mit Einleitung und Kommentar. 8°. Kartonnirt 3 M.

Friedrichs, K., Oberverwaltungsgerichtsrath. Das Gesetz betreffend die Anlegung und Veränderung von Straßen und Plätzen in Städten und ländlichen Ortschaften vom 2. Juli 1875. Nach dem Tode des Verfassers in vierter Auflage bearbeitet von Dr. jur. **Hugo v. Strauß und Torney,** Oberverwaltungsgerichtsrath. 8°. Geb. 4 M. 50 Pf.

Hauß, C., Geh. Ober-Reg.-Rath. Das Gesetz zur Bekämpfung des unlauteren Wettbewerbes. Vom 27. Mai 1896. Für die gerichtliche und gewerbliche Praxis erläutert. 8°. Geb. in Leinen 3 M.

Holtgreven, Dr. A., Geh. Ober-Justizrath und vortragender Rath im Justizministerium. Das Wildschadengesetz vom 11. Juli 1891. Kommentar. Dritte Auflage. 8°. Kartonnirt 3 M.

Jerusalem, Herm., Landgerichtsrath, Mitglied des Hauses der Abgeordneten. Das Gesetz über Kleinbahnen und Privatanschlußbahnen vom 28. Juli 1892 nebst der Ausführungsanweisung zu diesem Gesetze vom 22. August 1892. gr. 8°. 2 M.

Kamptz, W. v., Verwaltungsgerichtsdirektor. Das Gesetz, betreffend die Vertheilung der öffentlichen Lasten bei Grundstückstheilungen und die Gründung neuer Ansiedelungen in den Provinzen Preußen, Brandenburg, Pommern, Posen, Schlesien, Sachsen und Westfalen vom 25. August 1876. 8°. Kartonnirt 2 M. 50 Pf.

Koch, Georg, Hauptmann a. D. Gesetz, betreffend die Prüfung der Läufe und Verschlüsse der Handfeuerwaffen vom 19. Mai 1891 nebst den Ausführungsbestimmungen des Bundesrathes vom 22. Juni 1892. 8°. Kartonnirt 1 M. 50 Pf.

Könige, H., Landgerichtsrath, Vorsitzender der Kammer I für Handelssachen am Landgericht Mannheim. Handelsgesetzbuch vom 10. Mai 1897 nebst Abdruck des Gesetzes über die Angelegenheiten der freiwilligen Gerichtsbarkeit und Gerichtsverfassungsgesetz (Titel 7, Kammern für Handelssachen). Verglichen mit dem Allgemeinen Deutschen Handelsgesetzbuch, dem Bürgerlichen Gesetzbuch und der Rechtsprechung des Reichsgerichts und Reichs-Oberhandelsgerichts. Zu praktischem Gebrauch dargestellt. 8°. Geb. in ganz Leinen 4 M. 50 Pf.

Laß, Dr. L., Kaiserl. Regierungsrath, Strafrecht der Berufsgenossenschaften nach den Unfallversicherungsgesetzen vom 30. Juni 1900. Unter Benutzung amtlichen Materials zum praktischen Gebrauche dargestellt. Geb. in Leinen 3 M.

Laurisch, G., Königl. Gewerbeinspektor, Gewerberecht und Arbeiterschutz. Führer für Arbeitgeber und Arbeiter durch die Gewerbe- und Arbeiterschutz-Gesetze. Kartonnirt ca. 2 M.

Nußbaum, Dr. A., Die freiwillige Gerichtsbarkeit im Reiche und in Preußen. Ein Leitfaden. 8°. Geb. in ganz Leinen 4 M.

Dieses Buch enthält eine gedrängte systematische Darstellung der freiwilligen Gerichtsbarkeit einschließlich des Notariats nebst einer Zahl erläuternder Formulare für öffentliche Register, Protokolle u. dergl. Reichsrecht und Landesrecht, von letzterem vorzugsweise das preußische, sind gleichmäßig berücksichtigt worden. Eine solche systematische Darstellung fehlte bisher, ist aber bei der hier besonders weit gehenden Zersplitterung des Rechtsstoffes eine Notwendigkeit sowohl für den Lernenden, für dessen Bedürfnisse auch durch Darlegung der allgemeinen Gesichtspunkte und der historischen Entwickelung Sorge getragen ist, als auch für den Praktiker, namentlich den angehenden, da dieser in der ersten Beschäftigungszeit vorwiegend mit Angelegenheiten der freiwilligen Gerichtsbarkeit befaßt ist.

Ottermann, Carl, Stadtrath in Dortmund. Das Fluchtliniengesetz vom 2. Juli 1875. Erläuternde Abhandlung. 8°. 1 M. 25 Pf.

Stephan, Dr. R., Geh. Regierungsrath u. Mitglied des Kais. Patentamts. Gesetz, betreffend die Patentanwälte. Vom 21. Mai 1900. Nebst Ausführungsverordnungen. 8°. Geb. in ganz Leinen 1 M. 50 Pf.

Telegraphenwege-Gesetz vom 18. Dezember 1899 nebst den vom Reichskanzler erlassenen Ausführungsbestimmungen vom 26. Januar 1900 und den Erläuterungen und Ausführungsanweisungen des Reichs-Postamts. Amtliche Ausgabe. 8°. Geb. in ganz Leinen 1 M.

Wittenberg, Dr. M., Dozent an der Humboldt-Akademie. Wegweiser durch das Aktienrecht, nach dem Wortlaut der seit dem 1. Januar 1900 gültigen Reichsgesetze. Taschenformat. Geb. in ganz Leinen 1 M.

Schlagwort-Register.

R. = Nummer der Sammlung Deutscher **Reichs**gesetze.
P. = Nummer der Sammlung **Preußischer** Gesetze.
S. = Seite.

Abänderung der Gewerbeordnung S. 21, R. 6.
Abzahlungsgeschäfte R. 34.
Aktienrecht R. 24, S. 26.
Altersversicherungsgesetz R. 30.
Anfechtungsgesetz R. 13.
Ansiedelungsgesetz S. 25.
Anstellung der Kommunalbeamten P. 22.
Arbeiterschutzgesetz R. 6, S. 25.
Arbeiterversicherungsgesetze R. 20, 23, 28, 30.
Ausführungsgesetze z. BGB. P. 23, S. 13, 14, 22.
Ausführungsgesetze zu den Reichsjustizgesetzen P. 6, S. 21, 22.
Auswanderungsgesetz R. 44.

Bankgesetz R. 26.
Baufluchtengesetz S. 24, 26.
Bauunfallversicherungsgesetz R. 28.
Beamtengesetze R. 10, P. 2.
Bekämpfung gemeingefährlicher Krankheiten R. 56.
Berggesetz P. 12.
Berufsgenossenschaften, Strafrecht der S. 25
Beschlagnahme von Lohn- und Gehaltsforderungen R. 55.
Binnenschiffahrtsgesetz R. 36.
Börsengesetz R. 41.
Börsensteuergesetz R. 18, S. 21.
Brausteuererhebung R. 25.
Bundes- und Staatsangehörigkeit R. 8.
Bürgerliche Gesetzsammlung für Preußen S. 23.
Bürgerliches Gesetzbuch R. 38/39, S. 20, 22.

Civilprozeßordnung R. 11, S. 20.

Depotgesetz R. 40.
Diensteinkommen der Lehrer und Lehrerinnen P. 26.
Drogenhandel außerhalb der Apotheken R. 48.

Einkommensteuergesetz P. 10.
Eisenbahn-Gesetzgebung R. 35.

Elektrizitäts-Diebstahl R. 2.
Entmündigungsgesetz R. 45.
Entschädigung der im Wiederaufnahmeverfahren freigesprochenen Personen R. 12.
Entziehung elektrischer Arbeit R. 2.
Erbschaftssteuergesetz P. 20.
Ergänzungssteuergesetz P. 13.
Erwerbs- und Wirthschaftsgenossenschaften R. 29.

Farbenhandel außerhalb der Apotheken R. 48.
Feingehalt der Gold- und Silberwaaren R. 9a.
Fleischbeschaugesetz R. 54.
Flößereigesetz R. 36.
Fluchtliniengesetz S. 24, 26.
Freiwillige Gerichtsbarkeit R. 46, S. 26.
Freizügigkeit R. 8.
Fürsorgeerziehung Minderjähriger P. 28.

Gebrauchsgegenstände, Gesetz über den Verkehr damit R. 54.
Gebrauchsmusterschutzgesetz R. 22a.
Gebührengesetz, Preußisches, für Rechtsanwälte und Gerichtsvollzieher R. 17, S. 21.
Gebührenordnung für Gerichtsvollzieher R. 15.
Gebührenordnung für Notare P. 4.
Gebührenordnung für Rechtsanwälte R. 17.
Gebührenordnung für Zeugen und Sachverständige R. 15.
Gehaltsforderungen, Beschlagnahme von R. 55.
Genehmigung gewerblicher Anlagen P. 16.
Genossenschaftsgesetz R. 29.
Genußmittel, Verkehr damit R. 54.
Gerichtsbarkeit, freiwillige R. 46, S. 26.
Gerichtskostengesetz, Deutsches R. 15.
Gerichtskostengesetz, Preußisches P. 17.
Gerichtsordnung, Preußische P. 7.
Gerichtsverfassungsgesetz R. 14, 12, S. 20.
Gerichtsvollzieher-Gebührenordnung R. 15.
Gesellschaften mit beschränkter Haftung R. 32.
Gesetzbuch, Bürgerliches R. 38/39, S. 20, 22.
Gesetz-Sammlung, Preußische S. 23.
Gesundheitswesen R. 27.
Gewerbegerichte R. 31.
Gewerbeordnung R. 6, S. 21.
Gewerberecht S. 25.
Gewerbe-Unfallversicherungsgesetz R. 23.

Gewerbesteuergesetz, Preußisches P. 11.
Gifthandel außerhalb der Apotheken R. 48.
Grundbuchordnung R. 42.
Grundbuchgesetzgebung, Preußische P. 9.

Haftung, Gesellschaften mit beschränkter R. 32.
Handelsgesetzbuch R. 4, S. 21, 25.
Handelskammergesetz P. 21.
Handfeuerwaffen, Gesetz betr. Prüfung von S. 25.
Handwerkergesetz S. 21, R. 6.
Hinterlegungsordnung P. 24.
Hypothekenbankgesetz R. 51.

Jagdscheingesetz P. 19.
Invalidenversicherungsgesetz R. 30.

Kiautschou-Gebiet, Strafrechtspflege im R. 3.
Kinder, Recht der unehelichen R. 58.
Kinder, Unterbringung verwahrloster R. 47.
Kleinbahnengesetz S. 24.
Kolonialgesetzgesetzgebung R. 49.
Kommunalabgabengesetz P. 14, S. 24.
Kommunalbeamtengesetz P. 22.
Kommunalbeamtenrecht P. 25.
Konkursordnung R. 13, S. 20.
Konkursordnung, Preußische P. 7.
Konsulargesetzgebung R. 21.
Krankenversicherungsgesetz R. 20.
Kreisordnungen P. 15.

Ladenschluß-Novelle S. 21.
Landesgesetze, privatrechtliche S. 23.
Landrecht, Preußisches S. 23.
Laufprüfungsgesetz S. 25.
Lehrergehalts- u. -Pensionsgesetze P. 26.
Lohnforderungen, Beschlagnahme von R. 55.

Maaß- u. Gewichtsordnung R. 9a.
Mantelgesetz R. 23.
Margarinegesetz R. 54.
Militärstrafgerichtsordnung R. 3 S. 21.
Minderjährige, Fürsorgeerziehung für P. 28.
Münzwesen R. 26.
Musterschutzgesetz R. 22a.

Nahrungsmittelgesetze R. 54.
Nebengesetze zum BGB. R. 4, 11, 12, 13, 14, 29, 32, 36, 42, 43, 46, S. 20, 21.
Notare, Gebührenordnung für preußische P. 4.
Notenbankwesen R. 26.

Patentanwaltsgesetz S. 26.
Patentgesetz R. 22 a.
Personenstandsgesetz R. 9 a, 9 b.
Pflichten der Kaufleute bei Aufbewahrung fremder Werthpapiere R. 40.
Postgesetze R. 7.
Preßgesetz R. 53.
Preußische Verfassung P. 1.
Privatanschlußbahnen-Gesetz S. 24.
Privatrechtliche preußische Landesgesetze S. 23.
Privatrechtliche Reichsgesetze R. 9 a.

Rayongesetz R. 9 a.
Reblausgesetz R. 9 a.
Rechte der Besitzer v. Schuldverschreibungen R. 52.
Rechtsanwalts-Gebührenordnung R. 17.
Rechtsanwaltsordnung R. 16.
Reichsbeamtengesetz R. 10.
Reichseisenbahngesetzgebung R. 35.
Reichsgewerbeordnung R. 6, S. 21.
Reichsgrundbuchordnung R. 42.
Reichs-Justizgesetze S. 20, R. 11, 12, 13.
Reichs-Justizgesetze, Ausführungsges. dazu S. 21, 22.
Reichsmilitärgesetz R. 9 a.
Reichspreßgesetz R. 53.
Reichsseuchengesetz R. 56.
Reichsstempelgesetz R. 18, S. 21.
Reichsverfassung R. 1, S. 24.

Saccharingesetz R. 54.
Schlachtviehgesetz R. 54.
Schuldverschreibungsgesetz R. 52.
Schutztruppen, Strafverfahren R. 3.
Schwängerung, außereheliche R. 58, P. 5.
Seegesetzgebung R. 19.
Seehandel (Handelsgesetzbuch Buch IV) S. 21.
See-Unfallversicherungsgesetz R. 57, S. 25.
Seuchengesetz R. 56.
Sozialpolitische Gesetze R. 20, 23, 28, 30.
Sprengstoffgesetz R. 2, 9 b.
Staatsangehörigkeit, Erwerb und Verlust R. 8.
Staatssteuern, Gesetz betr. Aufhebung direkter P. 14.
Stempelsteuergesetz f. Preußen P. 18.
Stempelsteuergesetz für das Reich R. 18. S. 21.
Steuergesetze R. 5, 18, 25, P. 10, 11, 13, 14, 18, 20, 27, S. 21, 24.
Strafgesetzbuch R. 2.

Strafprozeßordnung R. 12, S. 20.
Strafrecht der Berufsgenossenschaften S. 25.
Strafrechtliche Reichsgesetze R. 9 b.
Straßen- und Baufluchtengesetz S. 24, 26.
Süßstoffe, künstliche R. 54.

Telegraphengesetze R. 7.
Telegraphenwegegesetz S. 26.

Uneheliche Kinder R. 58.
Unfallversicherungsgesetz R. 23, 28, S. 25.
Unlauterer Wettbewerb R. 37, S. 24.
Unterbringung verwahrloster Kinder R. 47.
Unterstützungswohnsitz R. 8.
Urheberrechtsgesetz R. 9 a, 9 b, 22a.

Vereins- und Versammlungsrecht in Deutschland R. 33.
Verfälschung von Nahrungsmitteln R. 54.
Verfassung des Deutschen Reichs R. 1, S. 24.
Verfassung des Preußischen Staats P. 1.
Vermögenssteuergesetz P. 13.
Verrath militärischer Geheimnisse R. 2.
Versorgung der Kommunalbeamten P. 22.
Vertheilung öffentl. Lasten S. 25.
Verwendung gesundheitsschädlicher Farben R. 54.
Viehkauf (Viehgewährschaft) und Viehhandel R. 50.
Viehseuchengesetz R. 9 a.
Vormundschaftsordnung, preußische P. 8.
Vormundschaftsrecht, Deutsches R. 47

Waarenbezeichnungen R. 22 b.
Waarenhaussteuergesetz P. 27.
Wechselordnung R. 5.
Wechselstempelsteuergesetz R. 5.
Weingesetz R. 54.
Werthpapiere, Depotgesetz R. 40.
Wettbewerbes, Bekämpfung des unlauteren R. 37, S. 24.
Wildschadengesetz S. 24.
Wuchergesetz R. 2.

Zwangserziehung R. 47.
Zwangsversteigerung an Immobilien R. 43.
Zwangsvollstreckungsgesetz R. 43.

FSC
www.fsc.org
MIX
Papier | Fördert gute Waldnutzung
FSC® C083411

Kolibri 360 GmbH
Ferdinand-Jühlke-Straße 7
99095 Erfurt, Deutschland
produktsicherheit@kolibri360.de